本书由山西省科技厅项目资助出版

农村土地经营权
流转模式、机制及意愿研究

丁涛 著

知识产权出版社
全国百佳图书出版单位
——北京——

图书在版编目（CIP）数据

农村土地经营权流转模式、机制及意愿研究 / 丁涛著 . —北京：知识产权出版社，2019.11

ISBN 978-7-5130-6380-7

Ⅰ.①农… Ⅱ.①丁… Ⅲ.①农业用地—土地经营—土地流转—研究—中国 Ⅳ.①F321.1

中国版本图书馆CIP数据核字（2019）第165408号

内容提要

本书结合现实，探究农业经营制度创新背景下农村土地经营权流转过程中的现象，在此基础上分析农村土地经营权的流转意愿，研究农村土地经营权流转的选择机制、流转模式，为解决目前农村土地经营权流转的现实问题、进一步完善"三权分置"制度、丰富土地经营权流转制度的经济学理论基础提供一些思路。

责任编辑：于晓菲　李　娟　　　　责任印制：孙婷婷

农村土地经营权流转模式、机制及意愿研究

丁涛　著

出版发行：	知识产权出版社 有限责任公司	网　址：	http://www.ipph.cn
电　话：	010‑82004826		http://www.laichushu.com
社　址：	北京市海淀区气象路50号院	邮　编：	100081
责编电话：	010—82000860转8363	责编邮箱：	laichushu@cnipr.com
发行电话：	010-82000860转8101	发行传真：	010-82000893
印　刷：	北京中献拓方科技发展有限公司	经　销：	各大网上书店、新华书店及相关专业书店
开　本：	720mm×1000mm　1/16	印　张：	15.75
版　次：	2019年11月第1版	印　次：	2019年11月第1次印刷
字　数：	200千字	定　价：	68.00元

ISBN 978-7-5130-6380-7

前　言

农村土地经营权流转在一定意义上是由我国当前特殊的国情决定的，也是生产力发展到一定阶段的产物。在农业经营制度创新背景下，引导土地经营权有序流转、发展农业适度规模经营，是破解我国农业转型升级和农民持续增收面临新矛盾和新问题的重要抓手；是实现农业资源持续高效利用和生产要素优化配置的必然选择；也是农村经济进一步发展和农村劳动力转移的必然结果。推进农村土地经营权流转，是破解当前农村土地零碎化难题、发展现代农业的必由之路。

2014年，中央审议通过了《关于引导农村土地经营权有序流转发展农业适度规模经营的意见》，这是深化农村土地制度改革的纲领性文件，对于解决好"三农"问题，走出一条中国特色的农业现代化道路，具有十分重要的意义。2016年10月，中共中央和国务院印发了《关于完善农村土地所有权承包权经营权分置办法的意见》，强调通过落实集体所有权，稳定农户承包权，放活土地经营权，提高土地产出率、劳动生产率和资源利用率，为发展现代农业、增加农民收入、建设社会主义新农村提供坚实保障。

2018年，农村经济改革迎来了一个新的发展时机：农村土地承包流转和经营领域的改革进入实质操作阶段，也进入了真正的"深水航道"。稳妥有序地推进农村土地承包经营权流转，将对未来农业发展有深远影响。经济发展的"命门"，在于农村经济的发展；农村土地经济则是经济发展的"命根子"，农村土地的充分合理利用蕴藏着无比巨大的发展潜力。抓住"命根子"，保护好"命门"尤为重要。

从"两权分离"到"三权分置"，从经济组织集体拥有土地所有权、农户承包经营到集体所有、农户承包、多元经营的转变，"三权分置"体现了农村土地经营制度的持久活力，是不断前进、不断发展的，涉及亿万农民的切身利益，是一项重大改革。"三权分置"开辟了中国特色新型农业现代化的路径，农村土地"三权分置"在保护农户承包权益的基础上，赋予新型经营主体更多的土地经营权能，有利于促进土地经营权在更大范围内优化配置，从而提高土地产出率、劳动生产率、资源利用率，最终实现资源的优化配置。习近平总书记指出，改革前，农村集体土地是所有权和经营权的统一，搞家庭联产承包制，把土地所有权和承包经营权分开，这是我国农村改革的重大创新；现在，把农民土地承包经营权分为承包权和经营权，实现承包权和经营权分置并行，这是农村改革的又一次重大创新。实践探索推动制度创新，新制度引领新发展，这是农村改革发展的基本规律。"三权分置"是实践探索的产物，是家庭承包经营制度适应经济社会发展要求而不断变革创新手段的结果，它孕育于中国国情，着眼于解决现实问题，具有深厚的实践依据、丰富的创新内涵和重大的政策意义。

目　　录

1 绪 论

土地作为农业生产的基本要素，是农民进行生产的资料，是人类社会发展的根本基础，也是农民最重要的生活保障。农民依法享有对土地的承包经营权，是我国农村土地经营制度法制化的体现，也是农村土地制度改革的重大突破。保护农民对土地的承包经营权，稳定和完善农村土地承包关系，让农民充分享受土地承包经营权带来的收益，成为当前农村土地产权制度改革的核心和时代背景。

家庭联产承包责任制极大地解放了农村生产力，推动了中国农村的变革，是一项重大的制度创新。但是随着农业现代化的发展和农村经济水平的提高，这种制度所带来的土地经营规模过小、土地细碎化等弊端日益显现。近年来，"失地农民"和土地撂荒现象日趋严重，然而土地承包经营权的流转并不能解决这些问题，于是中央再次顺应农民的要求，提出了土地承包权与经营权相分离的构想，"三权分置"的概念开始出现在中央文件上。"三权分置"是为进一步完善农村土地产权制度，推进农业信息化、新型化、现代化的产物，该政策旨在既让农民享受土地经营权流转带来的财产性收益，又能通过土地经营权流转将荒置的土地充分地利用起来，以保护耕地，保障粮食安全，并集中土地资源优势，实现农业规模化经营，推进农业产业化和现代化。土地承包经营权流转有利于农户开展适度规模经营，从而提高土地利用效率和优化土地资源配置，进而有利于提高农民的收入。

在社会经济不断发展、城镇化进程加快的背景之下，农业、农村发展的内外部环境发生了重大变化，新时期农业转型升级和农民持续增收面临新矛盾和新问题，主要表现为以下方面。首先，农业劳动力大规模向城镇和非农产业转移，农业转型升级面临劳动力低质化、农户兼业化和农业副业化等问题，这样一来"谁来种地"和"如何种地"的问题亟须解决。其次，农户承包经营的耕地规模细小且高度分散，难以适应千变万化的大市场，家庭经营效益也难以提高，农民持续增收乏力。因此，如何在全面建成小康社会决胜期促进农民持续增收和缩小城乡居民收入差距，其紧迫性日益凸显。在这种背景下，农业经营制度创新在一定程度上可以缓解以上矛盾和问题，在农业经营制度框架下，通过放活经营权，使有意愿从事农业的主体可以通过市场化手段获得经营权，可填补因农村劳动力转移而导致的优质劳动力空缺，这就可以有效克服"谁来种地"和"如何种地"等农业发展制约因素。因此，可以说农业经营制度创新为引导土地经营权有序流转、激活农村土地资产、土地集约化生产并赋予农民更多的财产权利等提供了强有力的制度保障。特别是土地经营权流转等"政策红利"让广大农民公平分享，避免产生新的农村社会矛盾，并确保农业的可持续发展。

发展现代农业，离不开农用地流转。当前农村土地经营权流转市场难以整合细碎化的土地产权，导致市场失灵，诱发地方政府干预市场，亟须创新农地流转制度。越来越多的农村制度创新实践表明，农村土地经营权流转制度创新已成为改造传统农业和发展现代农业的重要手段，成为联结传统农业个体生产者与现代化农业规模经营主体间的重要渠道。农村土地经营权流转制度创新是关系中国改革深化的关键问题之一，是构建农业集约化、专业化、组织化、社会化经营的重要保障。合理地开展农村土地经营权流转工作，对于实现土地的集中利用、实现农村土地的规模化经营有着积极的推动作用。

1.1 问题的提出

1.1.1 "三权分置"是对农村土地经营制度的一项重大改革

从古至今，土地一直是农民的安身立命之本，也是国家长治久安的根基。农业、农村和农民问题，始终是中国革命和建设的根本性问题。中华人民共和国成立以来，坚持农村土地集体所有制并不断探索其有效实现形式，就是为了探索一条适合中国国情的发展道路，确保广大农民群众共享经济社会发展成果，避免两极分化，实现共同富裕。习近平总书记在中央全面深化改革领导小组第五次会议上指出，现阶段深化农村土地制度改革，要更多考虑推进中国农业现代化问题，既要解决好农业问题，也要解决好农民问题。要在坚持农村土地集体所有的前提下，促使承包权和经营权分离，形成所有权、承包权、经营权"三权分置"，经营权流转的格局。农地"三权分置"政策的制定实施是继家庭联产承包制后农村土地经营权制度改革的又一创新之举，为农民增收提供了制度保障，加速了农村土地经营权流转，实现了农业规模化经营，培育了新型农业主体，推动了城镇化进程。

改革开放以来，实行以家庭承包经营为基础、统分结合的双层经营体制，建立了具有中国特色的农地制度和农村基本经营制度。从1978年至今，经历了两次农村土地的"分置"。第一次"分置"即"两权分置"，是把农村土地集体所有权与土地承包经营权进行分离，坚持集体土地所有制，把集体土地的承包经营权落实到农户，实行家庭联产承包经营，极大地解放了农村生产力，促进了农业农村经济快速发展。"三权分置"是第二次"分置"，即在农村土地集体所有与土地承包经营权分置的基础上，促使承包权与经营权再分置，实现所有权、承包权、经营权分离，赋予集体、承包户、经营者各自对应的权利主体、权能结构、权属关系和保护手段。第二次"分置"是在承包经营权内部进行的，是承包者与经营者之间农地关系与相关权利义务的重新配置。第二次"分置"，分置的层次更高，分置的边界更清晰，分置的意义更深远，是从更高层次上创新和完善农地制度和农村基本经营制度。

从"两权分离"到"三权分置"，从经济组织集体拥有土地所有权、农户承包经营转变为集体所有、农户承包、多元经营，"三权分置"体现了农村土地经营制度的持久活力，是不断前进、不断发展的，涉及亿万农民的切身利益，是农村的重大改革，重大政策。"三权分置"开辟了中国特色新型农业现代化的路径，农业部部长韩长赋表示，农村土地"三权分置"在保护农户承包权益的基础上，赋予新型经营主体更多的土地经营权能，有利于促进土地经营权在更大范围内优化配置，从而提高土地产出率、劳动生产率、资源利用率，最终实现资源的优化配置。习近平总书记指出，改革前，农村集体土地是所有权和经营权的统一，搞家庭联产承包制，把土地所有权和承包经营权分开，这是农村改革的重大创新；现在把农民土地承包经营权分为承包权和经营权，实现承包权和经营权分置并行，这是农村改革的又一次重大创新。实践探索推动制度创新，新制度引领新发展，这是农村改革发展的基本规律。"三权分置"是实践探索的产物，是家庭承包经营制度适应经济社会发展要求而不断变革创新的结果，它孕育于目前国情，着眼于解决现实问题，具有深厚的实践依据、丰富的创新内涵和重大的政策意义。

1.1.2 土地承包经营权确权是推进农村土地经营权流转的必然选择

土地承包经营权确权是对土地承包经营权进行确认、确定、登记和颁证的整个过程。农村土地归经济组织集体所有，农地承包经营权确权登记发展滞后，没有适应经济发展速度，严重阻碍了"三农"的发展。土地经营规模过小、土地细碎化现象严重，需要通过土地经营权流转来扩大农业规模，推进农业向规模化、现代化方向发展。农村土地经营权流转是盘活土地资源、激发农业生产发展活力的重要途径。对于农民来说，土地是"命根子"。土地确权，就是帮助农民守住自己的"命根子"。不少农民外出打工挣钱，根本无力耕种自家的田地，田地荒芜了太可惜，只能把田地流转出去。然而在土地经营权流转过程中，由于土地承包经营权证书或合同信息不完整，使得农民不敢轻易地把土地经营权流转出去，或是担心土地经营权流转出去后收不回来，最终损害农民的利益。这种由于土地承包经营权证书或合同不完善导致的地权不稳定性，直接导致土地经营权流转交易成本过高，限制了农民土地经营权流转行为，造成土地经营权流转进程缓慢。

近年来，党和国家高度重视农村土地确权的贯彻落实，先后出台了多个法律性文件，为加快农村土地确权登记颁证工作提供了制度保障。《关于加快发展现代农业进一步增强农村发展活力的若干意见》（2012年12月31日）明确提出"用5年时间基本完成农村土地承包经营权确权登记颁证工作"。中央要求通过确权登记颁证，进一步稳定和完善农村土地承包关系，建立健全土地承包经营权确权登记颁证制度，妥善解决承包地块面积不准、空间位置不明、登记簿不健全等问题，将承包地块、面积、空间位置、合同和权属证书全面落实到户。《关于全面深化农村改革加快推进农业现代化的若干意见》（2014年1月19日）提出，"切实加强组织领导，抓紧抓实农村土地承包经营权确权登记颁证工作，充分依靠农民群众自主协商解决工作中遇到的矛盾和问题，可以确权确地，也可以确权确股不确地，确权登记颁证工作经费纳入地方财政预算，中央财政给予补助"，进一步完善了农村土地承包政策。《关于加大改革创新力度加快农业现代化建设的若干意见》（2015年2月1日）提出，"对土地等资源性资产，重点是抓紧抓实土地承包经营权确权登记颁证工作，扩大整省推进试点范围，总体上要确地到户，从严掌握确权确股不确地的范围"，推进农村集体产权制度改革。《关于落实发展新理念　加快农业现代化实现全面小康目标的若干意见》（2015年12月31日）提出，"到2020年基本完成土地等农村集体资源性资产确权登记颁证、经营性资产折股量化到本集体经济组织成员，健全非经营性资产集体统一运营管理机制"，深化了农村集体产权制度改革。《关于实施乡村振兴战略的意见》（2018年1月2日）明确指出："巩固和完善农村基本经营制度，全面完成土地承包经营权确权登记颁证工作，实现承包土地信息联通共享。"土地承包经营权确权深受党中央的重视，是推进土地经营权流转的必然要求。

农地使用权确权是为维护农民土地权利采取的重要措施，极大地提高了土地使用权的稳定性，让农民吃下一颗长效"定心丸"，从而促进了农村土地经营权流转。农地确权是保护农民利益的需要，也是促进农业可持续发展的需要。土地承包经营权确权放活了土地承包经营权，提高了农民土地财产性收入，缩小了贫富差距，有利于推进农业现代化和城乡发展一体化，最终实现农村繁荣与稳定。

土地承包经营权确权登记颁证，是当前农村进行的重大制度改革，是完善农村基本经营制度的必然要求，也是推进农村土地经营权流转，实现农业适度规模的客观要求。加快完成土地承包经营权确权登记颁证，对维护土地承包关系中农民的合法权利，增加农民土地承包经营权收益，增加农民财产性收入有着重要的现实意义。

1.1.3　农业经营制度创新对农村土地经营权流转提出了新的要求

"三农"问题是事关经济社会发展全局的根本性问题，解决这一根本性问题的关键在于有效解决土地问题。作为农业最基本生产要素的农地，其经营制度建设就显得尤为重要。合理有效的农地经营制度能够激发农民的生产积极性，提高农业的经济效益，促进农村经济增长。农村土地经营权流转制度创新是关系中国改革深化的关键问题之一，是构建农业集约化、专业化、组织化、社会化经营的重要保障。

改革开放以来，以家庭承包经营为主的农地经营制度的确立，极大地解放了农村生产力，在保障公平的基础上，大大提高了农地生产效率，贡献巨大。但是，随着经济的不断发展，随着家庭联产承包责任制效应的不断释放，其制度设计上导致的农地经营规模过小、经营方式粗放、农地流转效率不高、农业经营效益低下、新增人口土地权益缺失等问题日益凸显，成为制约农村经济社会发展的主要障碍之一。解决上述问题，必须推进农地经营制度改革与创新。"三权分置"应运而生，实现了土地所有权、承包权、经营权的分离，促进了农业向规模化方向发展，大大提高了农地生产效率与资源利用率，增加了农民的财产性收入。但是，农村土地经营权流转并不能适应农地经营制度的变化，与此同时，出现了许多问题。政府作为公共政策的制定者，其管理者角色毋庸置疑。一项政策是否能有力地贯彻实施，与政府有着莫大的关系。当前，在农村地区开展的土地经营权流转政策，基层政府起着举足轻重的作用，但是由于政府的管理缺位导致农地流转出现问题，却是不可回避的现实。一项好的政策制定出台之后，其成功的关键在于执行，但基层工作人员在具体执行国家政策法规时出现偏差已然是一个严重的问题。农户在土地经营权流转中的作用也是不可忽视的，但是农户的文化水平低，且他们的主要收入来源于土地，所以对土地的依赖性较强。农村地区的思想观念相对于城市来说过于保守，广大农民对于农村土地"三权分置"理解不透，土地经营权流转意愿不强；土地经营权流转尚处在初步阶段，各项法律制度、社会保障体系不健全，在一定程度上也大大降低了农民土地经营权流转的意愿。广大农业经营者在土地经营权流转中的作用是显而易见的，但经营者想要顺利地流入土地并开展耕种经营，依然面临着体制壁垒。信息是市场经济中非常重要的资源，对于农业经营者也不例外。农业经营者想要进入农业领域，首先要获取农地的相关信息，按照自己的发展需求，转入土地。但是由于当前农村土地市场还处于起步阶段，获取信息的渠道非常狭窄且容易失真，政府也未能提供很好的咨询路径。正是由于这些问题的存在，严重影响了土地经营权流转效率及稳定性。

农业经营制度的发展要求土地经营权流转应解决其自身存在的问题。政府应制定和完善相关的法律法规，明确土地经营权流转过程中的权利与义务，使土地经营权流转过程有法可依。同时，为了规范土地经营权流转程序，可以出台指导性的意见，为实际操作提供准则。政府也应完善农村保障体系，让农户产生一定的安全感，才能促进土地经营权流转。

1.2　国内外相关研究综述

1.2.1　有关土地经营权流转制度的研究

1.2.1.1　国外有关土地经营权流转制度的研究

国外研究土地制度的理论和观点，是建立在土地私有化前提和基础上的，一般是以土地所有权可以进入市场流通为前提，再探讨市场、自由交易、开发经营模式等。但所有开发经营活动须按政府管制和相关法律、法规进行，耕地使用者享有的开发权并不是无限制的，而是有限的。国外学者大多使用"土地交易"的概念，很少使用"土地承包经营权流转"这一概念。

国外代表性学者科斯、阿尔钦、费达等对土地经营权流转制度进行了比较深入的研究。其中，科斯（1960）较早对土地制度进行了研究，他认为土地产权制度设计对于实现土地合理流转至关重要，合理的土地产权设计是实现土地经营权流转顺利进行和正常发展的前提。阿尔钦、哈德罗·德姆塞茨（1973）对地权稳定性进行了研究，他们认为地权稳定性是土地所有者进行长期投资的关键，这些权利受到的限制越多，投资激励就越弱，相应土地产权的稳定性就越低。费达（1991）认为农地制度也是由正式制度、非正式制度构成的，产权的价值与农地市场的功能主要依靠一种正式明确和强制执行这种产权的制度，包括法院系统、政策、合法的农地调查、登记和公告的代理机构，同时还包括那些社会规范、信仰、习俗等非正式制度。日本学者关谷俊对日本农村土地经营权流转体制机制做了详细的实地调查，研究表明日本历史上农地产权制度的构成不仅仅包括国家系统政策和公示机制，同时还应该把礼仪民俗信仰等包括进去，要更加细化各地的农地产权制度，不搞"一刀切"，要因地制宜地制定本地区的土地经营权流转政策。霍尔登（1997）认为土地制度的关键在于产权，必须明确产权所有制，保护好产权所有人的权益，只有在明确土地产权所有制度的情况下，国家的土地经营权流转市场才能有序地发展。维卡斯·罗弗（Vicas Rawl，2001）研究了印度独立后的农地交易状况及土地改革，认为通过这次改革，无地农户可以通过土地分配、佃农登记、土地买卖这三种方式获得土地。相对而言，印度的土地买卖交易成交率相对不高，印度农民更加倾向于用土地租赁的方式获得土地，而通过佃农登记的方式获得土地的农户占总体比率也较低，比例在20%左右。

1.2.1.2　国内有关土地经营权流转制度的研究

中国作为一个古老的封建农业国家，农村土地制度与中国农业生产力和社会政治经济形势变化有着密切的关系。秦汉以后，随着中国农业生产工具与生产方式的改进，农业人口基数不断上升，逐渐形成了以封建地主所有制为基础的农村土地制度。

这一制度一直延续到20世纪初期。随着人口增长、资本主义萌芽以及帝国主义对中国农村土地的侵占，中国人口与土地关系空前紧张。在北洋军阀统治时期，军阀、官僚和地主疯狂地掠夺农村土地，加快了农村土地产权的集中速度。除了少数自耕农，土地制度基本上是以租佃方式转让给佃农和部分自耕农耕种。双方约定农地承包价格以后，剩余产品归耕种者所有。

　　土地制度一直是中国共产党在各个革命阶段的一项根本制度。中华人民共和国成立后，先后进行了四次较大规模的土地制度改革，或者说农村土地经营权流转政策经历了四个时期。特别是2005年广东省在全国率先明确农村集体建设用地使用权，意味着农村土地使用权流转进入了市场化的阶段，这是农村集体用地管理制度的重大创新突破，更是中国农村土地经营权流转制度的创新突破。

　　国内许多学者和"三农"专家对土地经营权流转给予了高度的关注和深入的研究。姚洋（2016）指出，土地私有化并不能保障农民的土地利益。世界范围内的经验研究表明，农户出卖土地，不是在这个农户的上升期发生的，而往往发生于农户遇到无法克服的困难的时候。农民在一般情况下，得不到关于土地的更多收益，这样也限制了土地的流转。陈霄（2017）探讨了现有的农村土地经营权流转制度对于推动城乡一体化发展所具有的重要意义，在"三权分置"的土地制度下，农村土地经营权流转率的提高与城镇化的发展有着重要联系。关于产权问题，温铁军认为，中华人民共和国历次土地制度变迁中形成两个产权问题，一个是以村为单位的私有土地产权。"这其实是政府退出的结果。此后，政府权力介入往往只在农地农转非——被征占为工商业用地、形成巨大增值利益的时刻。"另一个是国家以政治的或者行政的手段，而非市场的手段推行土地制度，必然造成这种土地产权残缺。陈荣卓等（2017）提出做好我国农村集体产权的改革必须惩治农村社区腐败，要杜绝农村社区以集体的名义谋私，农村社区不作为也是一种腐败。陈晓华（2017）提出在农业供给侧改革这样的大背景下，要进一步做好农村集体产权确权工作，保证土地合理流转，推动农业结构性调整。

1.2.2　对农村土地经营权流转影响因素的研究

1.2.2.1　国外对农村土地经营权流转影响因素的研究

　　农村土地经营权流转是实现农村土地资源优化配置的有效措施，并且已经在世界范围内达成共识。国外学者主要从经济学的基础理论出发，以市场交易的一般理论为工具来进行土地市场的构建和土地交易的规范化研究。国外影响农村土地交易的因素主要有产权制度和交易费用、宏观环境，以及资源禀赋等。

新制度学派代表人科斯是基于交易费用这一理论来分析土地产权制度的效率问题的，在他看来，在交易费用为零的情况下，土地产权制度的安排形式不会影响最终的土地资源配置效率。然而，一旦交易费用为正，则会使得在不同土地产权制度安排下，产生不同的资源配置效率。德姆塞茨（Demsets，1973）却认为，产权的清晰界定和自由转让，可以降低交易费用，提高交易效率。弗德与菲尼（Feder & Feeney，1993）认为土地产权能降低其交易成本，通过土地交易可以把生产要素配置给最有效率的农户，从而形成规模经营，进而提高农业生产力。诺思（1994）认为，农村土地私人交易和私人产权安排能够实现帕累托最优。从交易费用来看，约翰（John，1999）认为由于土地私有化而导致土地高度细碎化和低价值广泛分配进而带来大量的农地交易费用，阻碍了土地交易所带来的福利增进和资源的最优配置。博加特等（Bogaerts et al.，2002）认为农地交易会由于国家制度因素所增加的农地交易费用而受到阻碍。洛莉·林奇与萨布里娜·洛夫尔（Lori Lynch & Sabrina Lovell，2003）认为，交易信息不对称、交易费用高使得有土地交易欲望的农户最终没有完成土地交易。约书亚（Joshua，2004）等认为，交易费用高是因为土地的私有化，这显著阻碍了农户之间土地交易的进行。此外，克鲁泽科普夫（Krusekopf，2002）和戴宁格尔（Deininger，2008）等认为，制度是影响土地交易的最重要因素。

在经济和政策环境的影响方面，麦克米兰（Macmillan，2000）认为政府对土地市场的干预可以弥补土地在自由交易过程中发生市场失灵的不足。特里（Terry，2003）认为经济环境会对农地流转产生影响。龚启圣（Kung Kai-sing，2008）认为农户对土地租赁需求大，则农户进行土地交易的可能性大。

在农户家庭资源禀赋方面，詹姆斯（James，2002）认为非农就业机会是影响农户土地交易的重要因素。特克鲁（Teklu，2003）认为，影响农户进行土地交易的重要因素是家庭可利用的劳动力数量、牲畜数量、户主的年龄及受教育程度这一结论并没有通过实证得到验证。张倩·福尔斯特（Zhang Qian Forrest，2004）得出非农就业状况尤其是从事非农的地点影响劳动力的供给状况。

1.2.2.2 国内对农村土地经营权流转影响因素的研究

国内学者对土地经营权流转影响因素的研究大致可以从以下三个方面进行分析，一是农户个人及家庭特征的因素；二是社会保障的因素；三是地方政府的因素。

（1）农户个人及家庭特征的因素。

国内学者叶剑平（2006）认为家庭中农户受教育水平越高，非农业人口越多，越有利于推动农户的土地经营权流转；此外，人均收入水平的高低对农村土地经营权流转影响显著。詹和平和张林秀（2008）认为，农户土地经营权流转行为与劳动力人数、土地耕种年限等因素密切相关。骆东奇等（2009）认为农户的非农就业机会随文化程度的提高而增加，会进一步促进农地流转。许恒周等（2011）指出，农民群体阶层的分化使农民在经济收入、产权偏好等方面都出现了很大的差异，影响了他们在土地经营权流转时的意愿和策略选择。许恒周和郭玉燕（2011）认为，农民的非农收入水平与农地流转密切相关，对土地的依赖程度仍然很高，从而使其土地转出的意愿不足，"恋土情结"使得农户不愿意轻易转出土地。聂建亮和钟涨宝（2014）认为，农户特征、收入结构、家庭结构也在不同程度上影响着农地流转，农户人均年纯收入与农地流转决策之间有显著的正向关系。卢文奇（2017）通过中国健康养老保险调查数据，得出目前中国农村土地经营权流转率依然偏低，并通过多元有序 Logistic（注：意为逻辑）回归模型进行研究，结果表明土地经营权流转率主要受农村非农人口、65 岁以上人口、失业补助、养老保险、土地的流转年限及是否确权等变量影响。

（2）社会保障的因素。

社会保障也是影响农村土地经营权流转的主要因素之一。王崇志（2012）深入农村，发现农民对于土地的情怀，是源于骨子里的热爱，土地就是农民的"根"，生活、工作和一切都离不开土地。土地对于农民来说不但是其经济来源，还具有社会保障的作用。陈剑波（2006）指出，目前社保还没能在农村普及，土地更是他们的失业保障和生存保障，土地保障的功能不能忽视。一些学者提出用"土地换保障"这种制度创新，建立失地的农民保障制度。王睿（2010）则指出用"土地换保障"这种制度在解决农村养老方面虽然取得了一定的成效，但是还存在缺乏公平性、实施限制性和延续性等问题，需要各方配合加以完善。张建华（2011）认为，制约着我国土地经营权流转的因素，农民就业、医疗、养老和子女教育等问题导致农民宁愿留在异乡打工，而不愿意承包土地。张丽（2011）认为，农民对于土地经营权流转的忌惮源于社会保障制度的不全面，所以完善社会保障制度是继续推行土地经营权流转的前提。梁万泉（2010）认为，土地经营权流转所遇到的最大阻力就是资金问题，即金融市场支撑力度不够，土地一经流转就不能再作为抵押物，所以要想得到大量运营资金，难度甚大。赵忠璇（2010）指出，权属概念不清晰就导致了集体土地所有权主体的虚化和模糊，在促进土地经营权流转过程中起着消极的作用。

（3）地方政府的因素。

一些学者认为，政府在土地经营权流转制度实施过程中扮演着重要的角色，地方政府政策的出台对土地经营权流转发挥着重要的推动作用。张红宇（2003）认为，过于频繁的行政干预及农村土地调整会改变农户的经营预期，影响农户生产经营投入的积极性，不利于对农村土地资源的保护，更严重的还会造成产权不稳定。潘锦云等（2011）指出，经过实证调查发现基层政府对土地经营权流转的引导工作不到位，解决各类纠纷的方式单一，这些都降低了农地流转的效率。郜亮亮等（2014）认为，农村土地经营权流转很大程度上受村干部行为的影响，政府作为理性经济人，具有自利性，在农地流转中盲目扩大自身权限，在推动农地流转中减少治理成本的热情度不高，甚至由于流转管制增加了交易成本进而影响农地流转。因此，推进土地经营权流转效率提升的关键在于加强村委会的建设。

1.2.3 有关土地经营权流转现状及问题分析

1.2.3.1 国外关于土地经营权流转现状及问题的研究

国外关于农村土地所有权交易方面的文献非常丰富，但与农村土地使用权流转方面相关的研究主要集中于苏联、中东欧和少数发展中国家。

韦格恩（Wegern）对俄罗斯20世纪90年代实行土地私有化以来的农村土地交易状况进行了实证分析。俄罗斯在实行土地私有化以后，农村土地交易和私人土地交易均呈增长趋势，农村土地交易市场迅速发展，农村土地交易异常活跃。1995年俄罗斯约有25%的农户进行了农村土地交易。1998—2000年，各种各样的私人土地交易增长了25%，而在所有的私人土地交易中农村土地交易所占比重较大。中东欧国家也进行了土地私有化改革，但政府仍然在其中扮演一定角色，保留有干预权。约书亚（Joshua）等对中东欧国家研究发现，虽然实行了土地私有化，但农村土地交易并不活跃，难以有效地集中经营。维卡斯（Vikas）对印度独立后实行土地改革以来的农村土地交易状况进行了研究，20世纪70年代印度政府实行了土地改革，使得没有土地和土地较少的农户可以通过土地分配、佃农登记、土地交易三种渠道得到土地。相比较而言，印度的土地交易远不比土地租赁活跃，大约有20%的印度农户通过佃农登记而获得土地。约书亚·埃洛诺雷亚特（Joshua Eleonoraetal）以斯洛伐克为例对中东欧国家自20世纪90年代普遍推行农村土地私有化改革以来的农村土地交易状况进行了分析，中东欧国家尽管实行了土地私有化，但是政府仍然保留了对土地交易的一定干预权。农村土地交易并不活跃，难以有效地集中经营。阿尔玛·伯瑟（Alma Burser，1995）抽查了匈牙利Csongr的6个县区，收集了从1994年3月到1995年3月买卖土地的数据，统计显示这一比重仅占所有农村土地比重的7%。

关于农地经营权流转中存在问题的研究，查尔斯·C.克鲁泽科普夫（Charles.C.Krusekopf，2002）认为，土地经营权流转市场发展较慢是由于土地产权制度的不确定性、土地经营权流转市场的制度创新不足，以及政府行政部门干预过多等诸多因素造成的。伊丽莎白·布拉贝克（Elizabeth Brabec，2002）认为农地流转改变了农村土地的生产经营结构。通过农村土地经营权流转会使土地的用途和土地经营的规模发生较大的改变。在现阶段，发展现代农业规模化经营和提升土地产出率的最大障碍是土地资源的细碎化。一些国外学者也对我国土地制度和土地市场有着浓厚的兴趣，布兰特（Brandt，2003）通过对我国农村土地的实地走访调查后，认为在我国土地经营权流转的规模化跟政府出台的相关政策文件是密不可分的，进一步指出土地的所有权不明晰阻碍了我国的土地经营权流转市场的快速发展。

1.2.3.2 国内关于土地经营权流转现状及问题的研究

国内学者对于我国农村土地经营权流转进行了大量的调查研究。张红宇通过大量数据发现，20世纪90年代中期以前农村土地经营权流转的发生率一直偏低。农科院1998年对浙江等8个省份进行实地调查后发现，参与农村土地经营权流转的土地仅占全部土地的3%～4%，其中，浙江省的农村土地经营权流转率最高，但也仅占7%～8%。祁丽（2015）认为，土地经营权流转仍然存在土地产权不明确、农村社会保障体系不健全、农民对土地经营权流转的政策法规不了解、农村基层组织对土地经营权流转的管理不到位，以及土地经营权流转市场不规范等问题。东北农业大学《东北地区促进农地流转与农民增收机制及政策研究》课题组（2016）研究表明，黑龙江省农村土地经营权流转呈现出流转数量扩大化、主体规模化、体系雏形化、政策主导化等特点，存在着流转思想不积极、行为不规范、政策不配套等问题。殷志扬等（2012）通过对江苏省典型地区农户土地经营权流转的调研发现，农村土地经营权流转市场已逐步形成，但是存在着发育缓慢、流转不规范、产权不清、资本化程度低等问题，因此社会经济发展状况、市场与产权状况、参与主体状况等因素综合影响着农户的土地经营权流转行为。银教授（2017）提出新一轮农村土地产权制度改革仍然需要坚持产权逐步清晰化路径，以土地确权为基础，以"三权分置"为原则，合理细分土地产权。李雅丽（2017）研究发现，非农收入的不稳定性使得农民不愿放弃对承包土地的耕作，农村社会保障制度的缺失成为农村土地经营权流转的又一瓶颈，这些都影响着农村土地经营权流转工作的顺利推进。

关于农地经营权流转中存在的问题，主要有以下方面。

一是土地产权制度不完善。部分农村集体土地产权关系不清，流转双方的流转行为不规范，导致土地经营权流转出现各种问题，引发农村社会的矛盾。钱忠好（2002）运用产权理论分析研究农村土地经营权的产权残缺与完善及市场流转问题，他认为农地经营权的不完全性是导致目前流转市场不健全的产权方面的原因，要让当事人自由交易其产权，实现资源效率配置。陈卫平和郭定文（2006）认分农村集体土地存在产权不清，甚至产权残缺的情况，导致农民不具备稳定的流转主体地位，也增加了部分基层群众自治组织的寻租空间。

二是法律法规不健全，流转程序不规范。张爱云（2003）认为，绝大多数土地经营权流转双方都没有签订合同契约，即使签订了合同，合同也缺乏统一格式，且合同内容不详细，缺乏双方签字，甚至合同内容与政策法律相违背。李明宇（2006）认为，要完善农村土地经营权流转制度的改革，需要建立土地经营权流转的法律保障体系；加强内引外联，提高农业科技素质；加快农村劳动力向二、三产业转移，推动城市化进程；大力发展农村土地经营权流转中介服务机构。黄海平和黄宝莲（2006）认为，目前农村的土地经营权流转程序不规范，操作随意，而且政府"角色"失位，农地使用权管理滞后。高汉（2006）对土地承包经营权流转进行了法律分析，对我国土地承包经营权流转提出了立法建议，其中最重要的是取消对土地承包经营权转让的限制性规定。曾新明和侯泽福（2006）从法律方面对农村集体土地使用权流转进行了研究。正确认识农村集体土地使用权流转途径、原则和程序，有助于完善集体土地使用权依法转让的法律机制，实现土地资源的最佳配置。于金富（2014）提出我国农业经营制度的主要问题是我国的农用土地产权制度不健全，要想深化土地制度改革，就要建立现代产权制度。

三是社会保障体制不完善，损害了农户的权益。葛丽芳（2005）认为，土地经营权流转出去后，土地流入者会对土地进行新的规划和利用，而农民对于流转后的土地实际用途很难进行控制，只能在合同期到后收回流出土地，现阶段这样的土地经营权流转方式就会使农民的利益得到有效的保障。由于在土地经营权流转的探索时期问题较多，因此，制定合法有效的合同需要长时间的积累。陈锡文和韩俊等（2006）认为，流入农村土地的工商企业等经营主体受利益驱使，擅自改变农村土地的用途，对土地进行"非农化""非粮化"改造和利用。张军（2007）认为，现阶段农村土地经营权流转存在不充分理解农民的意愿、使农民的利益受到威胁、使农民彻底失去赖以生存的土地等问题。

1.2.4 农地流转的模式及其选择研究

学者们从不同角度对农地流转模式进行了分类总结，但由于对农地流转模式的分类和认识标准因人而异，没有形成统一的模式划分标准。依据农地流向不同承租主体（流转后的不同经营主体），吴晨（2012）将农地流转划分为农

17

业龙头企业流转、农民专业合作社流转与普通农户流转三种模式。唐娟（2012）在此基础上补充了农户与专业大户的流转模式。根据农地供给主体的不同，田传浩（2003）将农地流转交易分为农户供给型农地使用权市场交易模式（包括转包、转让、互换、代耕代营）和集体供给型农地使用权市场交易模式（包括反租倒包、农地信托、农地入股、预留机动地协议、招标和拍卖等）。此外，还有一些学者根据流转双方形成合约过程中的委托代理关系，将土地承包经营权流转划分为直接式流转与间接式流转两类模式，其中后者又可细分为政府参与式流转和中介组织参与式流转（仇娟东，赵景峰，2013）。

　　与研究农地流转的形成机理的丰硕成果相比，农地流转模式选择机制研究较为匮乏。唐娟（2012）从村民小组层面，分析区域的自然、社会、经济、制度等因素对不同农地流转模式（包括农户与农户的流转、农户与农业大户的流转、农户与农业企业的流转，以及农户与合作社的流转四类）选择的影响。张兰等（2016）基于农户微观决策视角，探讨流转预期收益、流转交易成本、流转土地禀赋效应等因素对转出土地农户选择不同流转对象（传统小农户或规模经营主体）的影响。

1.2.5　农村土地经营权流转绩效的研究

　　大部分学者认为土地经营权流转是实现土地集中的有效方式，同时也有利于实现农业的规模经营和提高在固定投入量下的农业生产总值。鲁塔南·海美（Ruttanand Hayami，1985）选取了33个国家数据样本，用实证分析方法研究了土地规模生产对农业生产效率的影响，他认为发达国家土地规模化经营对劳动生产率的促进作用比欠发达国家高25%。王剑、克莱姆和韦尔斯（Wang，Cramer & Wailes，1996）提出，土地经营权流转能有效扩大农业规模化生产，并以此提高农业生产效率。琼·奥尔森·兰朱（Jean Olson Lanjouw，1999）指出，在土地经营权流转的市场中，现代资源发挥着积极有效的作用。特里（2003）通过研究土地制度的历史发展过程，提出应该通过土地制度不断推陈出新来合理整理利用农村的土地资源，让资源得到合理分配，这样能够有利于推进农业朝着积极有序的方向发展，同时也能使土地资源得到合理的优化配置。

国外的研究者认为，土地确权是土地顺利流转的基础条件，土地产权的确定能够推进土地经营权流转市场的健康发展。他们认为应该充分发挥市场的作用，以市场为主要的流转方式，政府的作用更多的是通过采取相应的措施来抵御市场的失灵，充分发挥政府的宏观调控作用。道格拉斯（Douglas，2000）详细地阐明了政府对于土地交易的影响，但是在另一方面又使土地市场的运转过程中出现低效的现象，提出通过不断改善土地经营权流转的信息系统和标明确切的土地价格等方式来完善土地市场制度。

国内大多数学者对土地经营权流转持肯定态度，认为土地和任何其他要素一样，自由地流转总能提高一定的技术水平条件下各投入要素对各产出主体的分配所产生的效益，而限制土地经营权流转会一定程度上影响土地产出率，比如制约要素的合理配置，减少农民对土地的长期投入，等等。张红宇（2002）全面研究了农村土地制度变迁的过程，他指出，从农村土地的集体经营逐步过渡到家庭联产承包经营，从当前基本土地制度的确立到土地各种具体经营形态的不断涌现，农村土地制度变迁始终是高效率的制度替代不完全适应生产力变化需要的制度，土地制度变迁呈现着"帕累托改进"的状态，其绩效是非常显著的。陈志刚等（2003）认为，农村土地的使用权和转让权对土地经营绩效都有显著的正效应，农民对农村土地使用权的稳定性信心越足，单位土地的粮食产出水平就越高；农民拥有土地自由转让的权利也能大幅提高土地产出率；农村土地产权在不同主体之间的差异和产权内部的权利构成都会对农业绩效产生影响。姚洋（2004）认为，土地经营权流转会以边际产出"拉平效应"，提高土地资源的配置效率。

当然，也有学者认为农村土地经营权流转并不能给农民、农村、农业带来绩效的提高。贺振华（2003）通过实证分析，表示土地经营权流转不能提高土地效率。土地经营权流转效率的提高体现为流转后能够增加新的社会生产经营活动时所需要的社会资源，比如更高的农业技术，也就是说是农业技术而非土地经营权流转本身提高了农业产量。俞海等（2003）通过实证研究，认为稳定的地权有助于提高农村土壤长期可耕种性，但对土地效益无明显的积极影响。

1.2.6　农村土地经营权流转的政策研究

目前对于推进农地流转的相关政策制度的创新研究，主要集中在创新土地产权制度、社会保障制度、其他要素市场、政府职能定位四个方面。（包宗顺等，2009；叶剑平 等，2010）

一是坚持稳定和放活相结合，推进土地产权制度创新。要坚持农村土地农民集体所有，坚持家庭承包的基础地位，坚持农村土地承包关系长久不变。在稳定的前提下，放活土地经营权，发展多种形式农业适度规模经营。（杨晓琳，2009；文雄，2011）

二是建立社会保障体系，创新社会保障制度。农地在很大程度上承担了就业、养老等社会保障功能，通过建立健全社会保障体系，如基本生活保障、养老保障、医疗保障制度，弱化农户对农地的依赖性，消除农户流转土地的后顾之忧。（何国俊，徐冲，2007；赵晓秋，李后建，2009；赵光，李放，2012；赵光，李放，2014）

三是建立和完善农村劳动力、金融等其他要素市场。农村劳动力市场（非农就业）是农地流转市场发育的重要驱动因素（Binswanger et al.，1995；姚洋，1999；石晓平 等，2004；谭丹，黄贤金，2007），而农村金融市场也会影响农地流转市场的发展（Tian et al.，2012），因此农地流转市场的顺利发展依赖于其他要素市场的完善。

四是明确农地流转中政府的职能定位。为了促进农地流转的健康顺利发展和绩效改善，政府的职能定位应该是加强管理和搞好服务，如开展土地经营权流转合同及其登记公证的日常管理，以及提供土地经营权流转中介服务。（Zhang et al.，2004；李启宇，张文秀，2010；杨卫忠，2015）

1.2.7 研究述评

综上所述，国内外学者对土地经营权流转已经做了大量的研究和富有成效的工作，为本研究的开展提供了一定的借鉴，这也为后续的研究提供了良好的理论基础与示范作用。但也有一定的局限性，具体包括以下方面。

第一，尽管有个别研究将流转对象区分为传统小农户和规模经营主体，并基于微观决策视角探讨了影响转出户选择不同流转对象的因素，但其未对不同规模主体进行区分，也忽略了产权安全和社会保障这两个重要因素的影响。

第二，在农地流转的政策研究中，已有研究大多基于普遍性的定性分析或个体案例分析讨论如何创新相关制度和政策来促进农地流转，未能与我国当前"三权分置"改革推进中大量新型经营主体参与土地经营权流转的新情况相匹配，也缺乏对不同土地经营权流转模式发展与政策制度创新的深层分析。

基于以上分析，本书以农业经营制度创新为背景，结合各地的实际情况，深入剖析我国农村土地经营权流转的基本情况，分析不同土地经营权流转模式的选择机制，研究不同土地经营权流转模式及农村土地经营权流转意愿，最后设计出适应当前农业农村发展要求且有利于促进农户持续增收和全面建成小康社会的土地经营权流转政策。

1.3 研究意义

1.3.1 理论意义

随着改革的深入发展，农村土地经营权流转的速度在逐渐加快，但是与其相对应的政策与制度却尚未健全，且在土地经营权流转过程中出现了许多问题，旧的制度越来越不适应经济社会发展的需要。正因如此，针对农村土地经营权流转制度方面的理论研究就变得特别重要。现阶段，已经出现了很多针对农村土地经营权流转制度的研究，但目前的理论研究仍处于初级阶段，还缺乏系统而深入的探讨。只有进一步详尽而全面地梳理总结，才能够为农村土地经营权流转问题提供更好的理论支撑，才能使农村土地经营权流转的实践获得更强有力的指导，从而加快促进农村土地承包权的健康流转。本书对农村土地经营权流转进行了深入分析，丰富了土地经营权流转的制度经济学理论基础，也可为当前农村土地经营权流转提供一定的理论指导。

1.3.2 现实意义

农业现代化是农村改革的目标，而农村土地经营权流转不仅有利于发展适度规模经营，也会对土地资源的合理配置发挥有益的作用。因此，研究现行土地经营权流转制度是目前学者关注的热点。本书分析了农户土地经营权流转的影响因素及农村土地承包权和农村土地经营权流转等问题，并提出相应的对策建议，这对于推进我国农村建设、提升农村经济发展有着非常重要的现实意义。

1.4 研究内容与框架

本书分为理论总结与实证分析两大部分。首先在国内外研究述评的基础上，对相关概念进行界定并对农村土地经营权流转的基本理论进行了梳理总结；接着系统地阐述了农村土地制度的变迁、土地经营权流转过程中存在的问题、农地经营权流转的选择机制与流转模式；在此基础上对农村土地经营权流转进行博弈分析，实证研究了农地经营权流转意愿等，并提出相应的对策建议。

本书共分为10章，各章的主要研究内容如下。本书的框架结构如图1-1所示。

第1章绪论。主要论述了研究背景、国内外研究综述、研究的理论与现实意义、研究内容及思路、研究方法等，这一章是全书的纲领。

第2章概念界定及相关理论基础。本章首先界定了土地承包经营权、农地承包经营权抵押贷款及农地流转行为等概念，然后对农村土地承包经营权流转的相关理论如"三权分置"理论、产权理论、交易费用理论、农户行为及制度变迁理论进行梳理总结，从而为后面的论述奠定了理论基础。

第3章农村土地制度的变迁和土地经营权流转的现实状况。本章分析了土地产权制度的改革，包括从"两权分离"到"三权分置"与农地经营权流转期限的变迁两方面，还阐述了从中华人民共和国成立至今农村土地经营权流转制度的变化以及在流转过程中存在的问题，为后面的博弈分析和实证分析奠定了基础。

第4章农村土地经营权流转的机制研究。本章研究了农村土地经营权流转过程中的各参与主体，阐述了农地经营权流转的必要性以及影响因素，分析了农地经营权的流转去向，最后对农村土地经营权的流转模式和运行机制进行了深入研究。

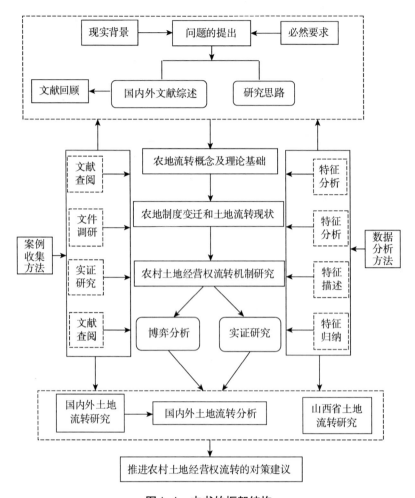

图1-1 本书的框架结构

第5章农村土地经营权流转的博弈分析。本章对农地流转中的各利益主体进行了分析，对农地的流入、流出方，村委会，基层政府等利益主体进行了博弈分析。

第6章农村土地经营权流转意愿实证研究。本章内容包括问卷的设计、模型的建立、实证分析及检验。

第7章国内外农村土地经营权流转的经验借鉴。本章通过分析大陆法系国家农地流转、英美法系国家农地流转与日本农村土地经营权流转的实践，吸取其中的精华，对我国农地经营权流转有一定的启示与借鉴意义。

第8章个案研究：山西农村土地经营权流转现状。本章以山西省为例，通过调查研究，分析了山西省土地经营权流转的现实状况。

第9章推进农村土地经营权流转的对策建议。本章从政策法规、农地流转市场，在对产权明晰界定的基础上进行土地确权，最后完善农地流转推进机制等方面提出了可行性建议。

第10章研究结论与展望。本章总结了全书的研究结论，并对农村土地经营权流转的未来研究提出了展望和设想。

1.5　研究方法

本书采用的研究方法有4种：

（1）文献研究法。

本书查阅了大量的文献资料，对土地经营权流转涉及的理论观点的相关研究成果进行整理、分析，从中了解农村土地经营权流转的研究现状和最新成果，利用大量文献，使本书的研究更加充实、理性并更有说服力，为本书的进一步研究提供了很好的理论基础和研究思路。

（2）比较分析法。

本书将国内外的土地经营权流转制度与模式进行比较，通过分析不同流转模式的利与弊，强调因地制宜的重要性，从实际出发探讨其发展的路径选择。

（3）问卷调查法。

通过设计调查问卷，掌握了农地经营权流转意愿的第一手资料，了解了农户对土地经营权流转的有关看法，同时认真地分析总结了实地调研所获得的数据与资料，形成自己的结论，更具有科学性和真实性。

（4）案例分析法。

为了使理论基础更加充实，本书对国内外的土地经营权流转案例进行穿插分析，从而总结出农村土地经营权流转的成功经验，为农村土地经营权流转的制度设计和制度安排提供现实案例支撑。

1.6 创新之处

本书的创新之处有3种：

第一，本书以农业经营制度创新为背景，针对我国土地经营权流转的现实情况，探讨了小农户或家庭农场/专业大户、合作社、农业企业等不同新型经营主体对土地经营权流转模式的选择，突破了以往仅对小农户之间的农地流转模式的研究，进一步丰富了研究内容。

第二，本书选择农地流转这一主题，比较切合农村的实际和农民的切身利益。从"三权分置"理论、产权理论、交易费用理论、农户行为理论和制度变迁理论出发解释农户流转土地的现状及存在的问题，并且研究了从中华人民共和国成立至今土地经营权流转的期限和制度变迁，最后将国外土地经营权流转中得到的经验应用到中国农地流转的实践。

第三，基于博弈论分析了农村土地经营权流转的各利益主体。本书在研究土地经营权流转过程中，形成了以农地流出方、农地流入方、村委会和基层政府四个核心利益者为中心的博弈关系。在博弈的分析过程中，剖析了农户权益受损的原因，有针对性地提出有利于促进农户持续增收和全面建成小康社会的土地经营权流转政策设计。

2 概念的界定与相关理论基础

本章首先界定了土地承包经营权、农地承包经营权抵押贷款及农地流转行为等概念，然后对农村土地承包经营权流转的相关理论如"三权分置"理论、产权理论、交易费用理论、农户行为及制度变迁理论进行梳理总结，从而为后续的研究奠定理论基础。

2.1 概念的界定

2.1.1 土地承包经营权

土地承包经营权是在农村承包地上设定的以从事农业生产经营为目的的用益物权，土地承包经营者依法享有承包地的占有、使用和收益的权利，以及流转土地承包经营权的权利。《物权法》并无将土地承包经营权细分为"土地承包权"和"土地经营权"的法律内涵。土地承包经营权作为一种独立的用益物权，不是土地承包权和土地经营权的相加。

本书中所称农村土地（以下简称"农地"）是指农村可耕种的土地，"三权分置"的政策确立了农村土地承包、管理权利和利润。特别是培养具有独立合同管理权利的农民，在农村土地承包经营权方面的法律意识。《物权法》于2008 年颁布，它依托三种产权，即所有权、经营权和承包权。农村土地承包经营权，是指农村土地承包人对其依法承包的土地享有占有、使用、收益和一定处分的权利。农村土地承包坚持公开、公平、公正的原则。农村土地的范围是农村集体所有和国家所有依法由农民使用的土地，包括耕地、林地、草地，以及其他依法用于农业的土地。

2.1.2　农村土地经营权流转

农村土地经营权流转是指农村家庭承包的土地通过合法的形式，保留承包权，将经营权转让给其他农户或其他经济组织的行为。农村土地经营权流转是农村经济发展到一定阶段的产物。制度是指为均衡利益分配、调整利益关系、约束制度主体行为，而被制定出来的一系列规则、规范。

农村土地经营权流转是指为了满足大规模农业经营的需要，农地承包经营权需要从土地承包人手中有偿转移过来，主要形式有以下几种：一是农户自发型农地流转。农户自发型农地流转是指农户根据自身实际情况确定流转意愿，包括流转价格、流转面积、流转期限等都在农户间自由协商。相较于政府主导型农地流转，这种流转方式的流转规模小、期限短，且多以口头协议为主，产权稳定性差。二是政府主导型农地流转。政府主导型农地流转是指在政府和村委会的干预之下，引导农民将土地经营权流转到种粮大户、农业企业等对农地需求大的地方，以优化农地资源配置，实现农业规模化、专业化、现代化经营。通常流转规模大、流转期限长，签订书面合同约定流转价格、流转期限、流转面积以及转入户和转出户双方的权利与义务。虽然村委会不在政府之列，但在法定体制中，村委会由政府领导，协助完成政府工作；而在事实体制中，村委会负责协助完成政府在村级组织的事务，因此具有"准政府"的属性，所以本书将政府主导和村集体主导这两种类型的农地流转合二为一，统称为政府主导型农地流转。三是农户生产投资。按照农业生产的投资回收期进行划分，可以将农户农业生产投资分为长期投资和短期投资。长期投资需要一个农季以上的时间才能收回，且投资额度较大，如农机具、排水渠、土地平整、农家肥等。短期投资一个农季就可以收回，如劳动力、化肥、农药等。一般地，政府主导型农地流转和农户自发型流转之间主要表现为合约稳定性的差异。

2.2 相关理论基础

2.2.1 "三权分置"理论

农地作为一项重要资源，具有重大的资产利用价值。为此要对其进行产权分化，将权利分化给每个需要的人手中，以实现资源利用的最大化，这也就产生了土地经营权、农村集体土地所有权以及农户承包权的"三权分置"模式。既然如此，"土地"一词的含义就不能进行扩大解释，必须根据政策所确定的主体和客体范围，将其限字在农村集体所有土地中，而不是农民集体使用但是由国家所有的土地。当然，对于今后土地经营权是否会将后者纳入存在范围，这需要根据经济发展的情况，依据国家的政策和法律规范来予以确认；如果依据土地承包经营权可以存在的客体范围进行观察，可得知现行法律对于草地、耕地、林地以及其他在农业中使用的土地进行了确立。但是在这方面《关于引导农村土地经营权有序流转发展农业适度规模经营的意见》限定的范围明显更小，即只能在"承包耕地"中适用，这样的话，草地、林地以及其他在农业中使用的土地暂时就没有土地经营权之说了。所以，在土地承包经营权对客体范围所作的规定之上，结合相关政策内容，可知只有由农民集体所有的耕地才存在土地经营权之说。

土地资源具有稀缺性与特殊性，其不仅可以带来农业生产的效益，也在很大程度上是农民的生存保障，并且对国家的粮食安全和社会稳定具有重要的作用。这也就说明现有的土地承包经营权实际上承载了社会保障和财产两项功能。市场经济的发展需要财产的最大化利用，而产权的明晰则是市场运行的基础。

经济基础决定上层建筑，为此进行新一轮的变革实属必然，这就要求将农村土地承包经营权进行分化权利约束，一是为实现这一权利的社会保障功能，只要农民在集体中的身份不失去，就可以保有土地承包权；二是土地经营权实现独立的财产功能，这样不仅有利于土地的流转，更重要的是解除了身份主体的限制，这意味着集体成员之外的土地承包者也可以进行合同的交易，实现土地经营权的流转，进行便于农业规模化、现代化的经营。所以，"三权分置"模式也就是集体的土地所有权、农户的土地承包权，以及土地利用者的土地经营权，这样使得一个土地之上的权利约束得以分化，产权得以明晰，土地的资本效用会更好地在市场经济中得以释放。在"三权分置"下，所有权、承包权和经营权既存在整体效用，又有各自功能。从当前实际出发，实施"三权分置"的重点是放活经营权，核心要义就是明晰赋予经营权应有的法律地位和权能。

2.2.2 产权理论

土地经营权流转本质上是关于土地各项权利的流转，因此产权理论是其主要的理论基础。

马克思指出土地产权是一组"权利束"，其中土地所有权是其最基本的权能，是产权的核心，是其他权能的母权。土地所有权的派生权能包括占有权、使用权、收益权、处分权等，它们共同构成了完整的土地产权权能。土地所有的产权权能既可由单一主体行使，又可分离为多项权能，由多个主体行使。马克思进一步研究了在不同生产方式下土地产权权能结合和分离的三种主要形式：一是在小生产方式中，土地所有权、占有权、使用权、收益权等权能合而为一，土地所有者同时是土地的使用者和支配者。二是在私有产权制度下，土地所有权与其他权能相分离，形成"一块土地，多个主体"的格局。三是在公有制基础上的土地所有权与占有权、使用权分离。

科斯的产权理论可以简单地概括为：市场交易是有交易成本的，产权界定越清晰，交易成本越小，资源配置越合理。如果市场交易成本为零，不管权利初始安排如何，市场机制会自动使资源配置达到帕累托最优。而在交易成本大于零的现实世界，一旦考虑到市场交易的成本，合法权利的初始界定以及经济组织形式的选择将会对资源配置效率产生影响。科斯定理的精华在于发现了交易成本及其与产权安排的关系，提出了交易成本对制度安排的影响，为人们在经济生活中作出关于产权安排的决策提供了有效的方法。

由于日常生活中，产权的明确界定给人们在行使权利过程中的行为划定边界，其成本需要承担。人们在市场的交易活动中积极地追寻产权利益的最大化。产权的明确界定有利于自由、公平的交易有序进行，同时产权具有可让渡性，这能使得资源不断地从利用率较低的地方向较高的地方流动，形成资源的最优配置，进而促进经济的发展。如若没有清晰的界定产权，则会带来资源的低利用率使用。

2.2.3 交易费用理论

交易费用理论是制度经济学的核心学说，科斯把企业利用价格机制的成本称为交易费用，企业之所以产生，是因为利用企业内部的行政命令组织生产要素进行的成本会低于运用市场上的价格机制调剂产生的交易费用。

威廉姆森将交易费用划分为两个部分：一是在交易进行前的谈判费用；二是交易进行后改变或退出约定所需要的费用。交易费用的划分对于了解是否能节约交易的实际成本具有一定的借鉴作用。林毅夫在交易费用的相关研究中与威廉姆森的研究结果相似，其也将交易费用划分为直接交易费用和间接交易费用两个部分。

康芒斯将交易费用划分为三个基本类型，分别是买卖、管理及限额交易。交易费用主要包括在交易进行前期的相关交易信息的收集整理，交易进行中合同的制定、签订与监督合同严格执行的相关成本，以及违反合同相关条款后赔偿所支付的费用。

交易费用理论的提出对于制度经济学的发展有很大的冲击，主要体现在以交易作为经济学研究的出发点，更新了传统经济学理论的研究基础。交易费用理论的引入拓宽了传统经济学的研究范围，认识到现实中交易费用为零的假设研究条件是不存在的，使得交易费用理论在解释经济现象的时候更具有说服力。

2.2.4 农户行为理论——农户生产决策理论

无论是舒尔茨、恰耶诺夫等提出的有关农户生产决策的理论，还是其他国内外研究者的相关研究成果，都表明个人因素和环境因素会影响农户的生产决策，其中个人因素包括农户家庭的劳动力数量、年龄、受教育程度、非农就业收入及农地面积，环境因素包括自然环境、社会环境、政策环境、科技环境等。此后，越来越多的学者开始关注土地政策、产权制度等宏观制度环境和经营规模、传统习惯等微观因素对农户生产决策的影响。

目前学术界有关农户行为的研究主要分为三派。一是以美国经济学家舒尔茨为代表的学派，认为小农像企业家一样都是"理性经济人"，其根据价格变化配置农业生产要素的行为符合帕累托最优原则。二是以苏联农业经济学家恰亚诺夫为代表人物的实体经济学派。该学派认为在高度自给的社会中，小农生产的主要目的是满足家庭消费，追求的是生产的低风险而非利益最大化。在此情况下，农户的最优化选择取决于自身消费的满足与劳动的辛苦程度之间的均衡，而非成本与收益之间的比较。三是赫伯特·西蒙提出的有限理性决策模型。他认为由于人的认知有限，人的理性是处于完全理性和完全非理性之间的一种有限理性，并且决策者在决策中追求"满意"标准，而非最优标准。

2.2.5 制度变迁理论

制度是一系列约束和规范人们相互关系的规则的总和。合理的制度能够通过激励、约束和协调人们之间的行为，减少信息成本和不确定性，从而促使资源的配置效率得以提高，实现社会福利的最大化。"制度"至少应该包括三方面的基本内涵：第一，制度是约束人们行为的一系列规则。它抑制着人际交往中可能出现的任意行为和机会主义行为。第二，制度与人的动机、行为有着内在联系。第三，制度是一种"公共物品"，它不是针对某一个人，而是针对每一个人。

制度变迁理论（Institution Change Theory）于20世纪70年代开始在学术界流行起来，这一理论以美国诺贝尔经济学家道格拉斯·C.诺思（Douglass C. North）研究得最为深刻。制度变迁理论分为以下几种。

（1）马克思的制度变迁理论。

制度是社会生产关系中的行为规则，制度变迁则是制度随着社会生产力的发展而演变的一种过程。制度是调节人与人之间关系的一种机制。马克思认为，经济基础决定上层建筑，生产关系随着生产力的发展而改变，社会制度随之变迁。

马克思认为，制度变迁是由生产力的发展所导致的，制度变迁的主体是人民群众——先进生产力的代表。历史的发展证明，生产力决定生产关系，生产关系反作用于生产力。一旦生产关系无法与生产力的发展相适应，就需要进行制度变迁。

生产资料的归属，是形成社会制度的前提。谁占有了生产资料，谁就占据了统治地位，就拥有了分配的话语权。有什么样的生产资料所有制，就有什么样的分配关系，也就决定了人与人之间统治或被统治的关系。产权制度的变迁发展，量变到质变，最终将导致社会制度的变化。马克思认为，随着生产力的发展，社会制度的变迁，公有制必将取代私有制。

（2）西方制度变迁理论。

诺思是提出制度变迁理论的代表人物。诺思认为，制度变迁是制度创立、变革、更替的过程，是一种更有效率的制度对另一种制度的取代。制度的均衡与非均衡是制度变迁的关键因素。当社会主体与当前的制度安排能够融合，我们认为这种状态是制度均衡的；当社会主体无法适应当前制度，就会导致非均衡的状态，正是这种非均衡的状态，才会导致制度变迁。决定制度变迁的另一个因素是成本与收益，当制度变迁的收益大于制度变迁的成本时，社会主体会选择进行制度改革；反之，当成本大于收益时，则不会进行制度变迁。

诺思的制度变迁理论主要由产权理论、界定实施产权的国家理论和意识形态理论三部分构成。诺思认为，依靠产权结构能够创造有效率的市场并推动技术进步。确定产权并合理地安排制度是产生有效率的经济体的前提条件，能推动经济系统的发展，促使经济快速增长。一部分经济学家认为意识形态对于制度变迁没有作用，而很多社会学家则认为意识形态对于制度的变迁有着不容忽视的作用。诺思的制度变迁理论解释了人们"搭便车"的机会主义行为和利他主义行为。诺思认为，人们的意识形态同公平道德伦理评价相互交融，人们的意识形态随经验和思想的转变而改变。

制度变迁有两种方式，分别是强制制度变迁和诱发制度变迁。强制制度变迁指的是以统治阶级为主体，一种"自上而下"的制度改革。诱发制度变迁指的是底层阶级通过对制度的需求，"自下而上"不断地影响权利阶级，最终实现制度变迁。

上述理论反映到土地制度上，就是当土地制度无法满足生产力的发展或者当前土地制度没有效率，就需要进行改革创新。

（3）交易成本理论。

交易成本又称交易费用，交易成本理论最早由科斯所提出。他把交易费用定义为通过价格机制组织生产下最明显的成本。其中包括在市场上发生的每一笔交易的谈判、签约的费用及其他方面产生的成本。交易成本过高是造成农地流转效率低下的关键因素，一旦交易收益低于交易成本，农民会选择流转给自己熟知的人，甚至出现撂荒、弃耕的现象，自发流转的土地根本不能体现土地的市场价值。由于流转双方信息不对称、市场中存在太多不稳定性因素等，都会使交易存在一定的成本。因此，必须引入一种有组织、有效率的机构来主持土地交易市场，降低农地承包经营权流转中的交易成本，提高农地资源的使用效率。

制度变迁是制度替代、转换与交易的过程，是打破旧有制度框架的不平衡性，不断创新和发展出具有更高效率的制度框架，是一种社会的进步。当旧的制度不再适应社会发展的需要时，维持这一制度的边际成本逐渐升高，这一制度能够产生的边际收益逐渐降低，因此也就不能对经济发展产生推动作用了，而是会对社会的经济发展产生负的作用。这时新制度就会取代旧制度发挥作用。

2.3　理论分析框架

2.3.1　产权稳定性与农地流转

产权稳定性对农户农地流转行为的影响主要表现在：产权稳定性会降低农

地流转的交易费用，进而激励更多的农户参与农地流转。这里的交易费用主要包括农地转出后的失地风险，以及农地转入时农户与村级组织打交道所产生的信息成本和谈判签约成本等。

产权经济学家认为，稳定和清晰的农地产权是实现农地健康有序流转的基本前提。从宏观政策来看，自实施家庭联产承包责任制以来，中国的农村土地政策一直沿着稳定土地承包关系、增强农民信心的方向前进。从1984年《关于一九八四年农村工作的通知》提出的"土地承包期一般应在15年以上"，到1993年规定的"土地承包经营权再延长30年不变"，再到1998年修订的《中华人民共和国土地管理法》（以下简称《土地管理法》）和2003年施行的《中华人民共和国农村土地承包法》（以下简称《农村土地承包法》）进一步强调了"二轮承包期30年不变"，2007年施行的《物权法》规定农地承包经营权作为用益物权，直到2008年中共十七届三中全会明确提出的"现有土地承包关系要保持稳定并长久不变"，农地产权的稳定性已逐步通过法律制度得以强化。然而，现实中农户的土地承包关系并不稳定，部分农村地区依旧存在土地频繁调整的现象。实际上，产权是一组由使用权、收益权和交易权等组成的权利束。对其中任何一个权利子集进行干预都会造成产权的不稳定，进而影响到产权价值的实现。

一般认为，农村土地的频繁调整，会导致农地产权的残缺和不稳定，而产权不稳定增加了农地流转的交易费用，对农户的农地供求行为具有抑制作用。

2.3.2 农民行为理论与农地流转

以舒尔茨为代表的学派认为农民是"理性经济人"，其根据价格变化配置农业生产要素的行为符合帕累托最优原则。农民个人基于各种因素做出理性的行为选择，而个人行为的选择效果相互作用，共同构成了社会现象，形成集体行为效果即人口大量流动，农业生产受影响；同时逆向地对制度的变迁形成影响。

整个集体行动效果影响制度的过程，同时也是农民与国家的博弈过程。农民与国家之间有一种先定的关系，其中包括在产权上，土地产权属于集体所有，要维持农村的稳定。在经济上，农业处于基础地位，国家人口众多，粮食生产需要稳定；在战略上，粮食是战略物资，农村要实现小康水平，并逐渐变得富裕起来等，这些都是先定存在的，从而也成为在博弈过程中的一些对行为选择范围构成影响的要素。

基于这些先定要素的存在，在国家与农民博弈之间，农民就多了一个博弈筹码：放弃务农，也就意味着放弃与国家博弈，这是博弈中最大的筹码。也就是说，国家有着政治上、经济上、意识形态上的诸多考虑，所以要实现以上那些先定的目标。农民退出博弈，上述目标就无从实现。在农民与国家的博弈关系中，农民可以选择非农业的生存方式，所以是可以替代的；农民对国家而言，如果退出人数达到一个临界点，形成一定规模的集体行为，严重影响到农业生产、农村稳定时，农民对国家而言就是不可或缺的。

在农村土地改制初期，农村人口流动还不足以影响农业生产，人多地少，人地矛盾突出。国家所提供的服务是制定法律法规、提供集体土地、履行管理公共事务的职能；农民所能提供的是缴纳农业税、耕种土地、生产粮食作物等，还不能退出。显然，农民处于博弈地位弱的一方，国家则处在博弈地位强的另一方。进入20世纪90年代，当农民的流出人口过多，已经严重影响正常的农业生产、粮食产量时，对农民的博弈地位来说，农业的特殊地位决定了农民的重要性。总的来看，国家的博弈地位在由强变弱，相反，农民的博弈地位则在由弱变强。

农村人口流动的主要目的是非常明确的，即增加收入。国家允许这种行为也是为了使农民收入有所增加，同时可以缓解人地矛盾。但农业人口的流失却在不断的积累中达到一个临界点，其集体行为效果已经影响到国家战略的实施，从而引发农民土地制度等的变迁。国家相继调整土地政策，修订联产承包制，确立农地合法流转，出台各种农村制度政策，正是农民集体行为效果逆向地对农地制度革新产生的作用。

2.3.3　交易成本理论与农地流转

农地流转中的交易成本主要表现在农地流转的价格、农地的供应与需求等方面。合理有效地控制农地流转过程中的交易成本，可以实现土地、劳动力、技术、资本等各种资源的优化配置，提高资源的利用效率。二者的关系如下：

第一，交易成本影响农地供需。农村土地进行流转前，交易双方需要搜集农地流转的信息并进行一系列的谈判，最终签署协议。由于交易成本的存在，流入方为避免烦琐的程序会减少农地转入量，流出方则会减少或者不转出农地，这直接影响到农地资源的供需交易成本与农地供求规模之间的关系，即交易成本上升，农地供求规模（农地供求数量）下降；反之，则农地供求规模上升，但交易成本对农地供应与农地需求的影响机制不同。

第二，交易成本影响农地流转价格。交易成本作用于农地流转价格，这对于农地流出方与农地流入方的影响不同。对于农地流出方，交易成本的存在意味着期望更高的农地流转价格作为补偿，而农地流入方则期望达成更低的农地流转价格。交易成本越大，农地流出方与流入方的农地流转价格期望差距越大，达成农地流转契约的可能性越低，农地流转规模下滑；反之，交易成本越低，农地流出方与流入方的农地流转价格期望差距越小，农地流转合作相对容易，农地流转规模上升。

第三，流转中介组织参与农地流转的交易成本分析。流转中介组织是在农地流转过程中孕育出来的，在农地需求方和供给方之间架起了沟通的桥梁和纽带。随着工业化步伐的加快，农民持续向城市、非农产业转移，农村余留的土地无人耕种，导致大量土地撂荒，将农村土地有序流转于种田能手手中，既能避免农地撂荒又能增加交易双方的经济收入。但是农户选择流转农地时不得不面临流转过程中的交易成本问题。为了降低因信息不对称而产生的交易成本，土地经营权流转的中介组织的出现解决了这一难题。中介组织通过网络发布信息，让更多有意向的农地流入者竞标土地，从而提高农地流转的价格，增加农地流转参与者数量并提升农地流转参与者的质量，进而降低交易的机会成本，并使交易的机会成本尽可能接近农地流转市场中的机会成本。

2.4　本章小结

本章主要就书中所用的重要概念和相关理论进行界定和概述，首先对研究过程中所涉及的重要概念进行界定，避免对概念产生理解偏差；其次对书中所借鉴的有关理论进行概述，为后面的实证章节提供指导和理论支撑；最后，基于相关理论基础，分别构建了产权稳定性—农地流转、农民行为—农地流转、交易成本—农地流转的理论分析框架，以便更好地理解全书的逻辑思路。

3 农村土地制度的变迁和 土地经营权流转的现实状况

土地问题是农民最关心的问题，涉及农民最核心的利益。土地使用权流转，本质上就是农民土地权利和利益的大调整。农村土地经营权流转是农村经济发展到一定阶段的产物，通过土地经营权流转，可以开展规模化、集约化、现代化的农业经营模式。本章通过分析"三权分置"的产生背景、农村土地经营权流转制度从中华人民共和国成立以来的变化，以及土地经营权在流转过程中存在的主要问题，更加清晰地了解农村土地经营权流转的现实状况。

3.1 土地产权制度的改革

3.1.1 从"两权分离"到"三权分置"

"三农"问题是关系国计民生的根本问题，是全面建成小康社会的重中之重，也是现代化进程中面临的最大难题。而土地是农民赖以生存的物质载体，是"三农"问题的关键，更是中国农村经济发展的助推器。农业的发展、农村的进步和农民的增收，这些都离不开土地。所以，处理好土地问题也就意味着推动"三农"问题的解决，而对于土地问题的解决，在不同的历史发展阶段，党中央作出了不同的决策，从"两权分离"到"三权分置"，无不是顺应时代发展的产物。

党的十一届三中全会以来，实行经济体制改革，就是改革生产力与生存关系中不相适应的部分。此时，人民公社体制已不能适应经济发展的需要，家庭联产承包责任制应运而生。家庭联产承包责任制是在经历了土地改革、初级农业合作社、高级农业合作社和人民公社这几次大变革后才被确立下来的。它不同于以往的土地制度改革，是在农民自发的情况下产生的。近30年的实践也证明了家庭联产承包责任制是符合当时国情的正确制度。

"两权分离"是指土地集体所有权与土地承包经营权相分离。1978年，安徽凤阳小岗村的"包产到户"，是土地经营权流转下"两权分离"方式的萌芽。在"两权分离"阶段，家庭联产承包制的基本特征包括以下几点：一是所有权仍归集体所有；二是经营权由集体经济组织按户分包给农民自主经营，集体负责监督承包合同的履行。家庭联产承包责任制从产生到最终确立，大体上经历了三个阶段：萌芽和起步阶段、全面展开阶段、全面完成阶段。（见图3-1）

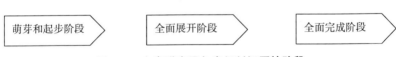

萌芽和起步阶段　全面展开阶段　全面完成阶段

图3-1　家庭联产承包责任制经历的阶段

第一，萌芽和起步阶段。安徽凤阳县小岗村在"左"的路线指导下，长期没有解决吃饭问题。在极其贫困的条件下，18位农民签下"生死状"，将村内土地分开承包，实行包产到户。经过一年的实施，大大提高了农民的生产积极性。在1979年年底，小岗村打谷场上一片金黄，粮食产量大幅度增加，在一定范围内起到了巨大的带动示范作用。

1978年12月22日，中国共产党第十一届中央委员会第三次会议通过了《关于加快农业发展若干问题的决定（草案）》，虽然肯定了"包工到作业组，联系产量计算劳动报酬"的责任制，但仍规定"不许包产到户，不许分田单干"。《农村人民公社工作条例（试行草案）》的实行，虽然放宽了农村政策，减轻了农民负担，支持农民搞副业，但仍然规定"不许包产到户"。

第二，全面展开阶段。1980年5月31日，邓小平同志在一次重要谈话中公开肯定了小岗村"大包干"的做法。改革开放的总设计师邓小平对这一举动的支持传达了一个明确的信息：农业改革势在必行。邓小平公开支持的讲话，打破了一些人的僵化思想和畏惧心理，极大地鼓舞了农民的生产积极性，也对家庭联产承包责任制的实施产生巨大的推动作用。

1979年9月，中共十一届四中全会修改并正式通过了《中共中央关于加快农业发展若干问题的决定》，将草案中"不许包产到户，不许分田单干"改为"不许分田单干"，初步肯定了"包产到户"的办法。同时，允许某些有副业生产特殊需要和边远地区、交通不便的单家独户包产到户。这就在政策上放宽了一步，对于包产到户的肯定，推动了农业体制改革，产生了重要的影响。

第三，全面完成阶段。中共中央在1982—1986年连续五年发布以农业、农村和农民为主题的中央"一号文件"，对农村改革和农业发展作出具体部署。1982年1月1日，中共中央发出第一个关于"三农"问题的"一号文件"《全国农村工作会议纪要》，文件明确指出包产到户、包干到户或大包干都是社会主义生产责任制。1983年1月，第二个中央"一号文件"《当前农村经济政策的若干问题》正式颁布。从理论上说明了家庭联产承包责任制是在党的领导下中国农民的伟大创造，是马克思主义农业合作化理论在我国实践中的新发展，正式确立了家庭联产承包责任制，在中国农村土地改革史上具有划时代的意义，拉开了中国农村土地改革的序幕。

家庭联产承包责任制，改变了农村旧的管理体制，极大地调动了农民生产经营的积极性，解放了农村生产力，充分体现了社会主义公有制的优越性，从根本上实现了农民与生产资料的有机结合。马克思认为："不论社会生产形式如何，劳动者与生产资料始终是生产的要素"，"凡要进行生产，就必须使它们结合起来，实行这种结合的特殊方式和方法，使社会结构区分为不同的经济时期。正是这种有机结合，才使我国的农业生产创造出举世瞩目的成就。但是随着农业现代化的发展和农村经济水平的不断提高，这种制度所带来的土地经营规模过小、土地细碎化等弊端日益显现，难以满足现代农业规模化经营的需要。20世纪90年代以来，城乡之间的二元隔离状态已被打破，农村劳动力大量流向城镇，呈现出"人地分离"的现象，部分农民对于土地的依赖程度开始降低。所以，出现了一些"代耕""代种"的现象，但这只在局部地区适用，而且也只是亲朋好友之间的代为耕种，并没有很强的适用性，新一轮的土地改革迫在眉睫。"三权分置"适应了时代发展的要求，成为社会各界关注的焦点。"三权分置"是在"两权分离"的基础上产生的，是对"两权分离"的创新和调整。"两权分离"和"三权分置"的具体关系如图3-2所示。

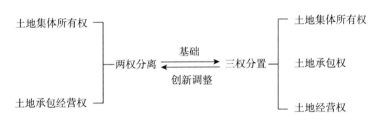

图3-2　"两权分离"和"三权分置"关系

　　农地"三权分置"改革，就是指把家庭联产承包责任制中土地由集体拥有所有权和农户拥有承包经营权的"两权分离"模式变为集体有所有权、农户有承包权、经营者有经营权的"三权分置"模式。农地"三权分置"是顺应我国经济社会发展的必然选择，它的出现不是一蹴而就的，而是生产关系适应生产力发展到一定阶段的产物。党中央也先后出台了法律制度以促进"三权分置"的农地制度的变革（见表3-1）。国家以法律形式确立了"三权分置"的地位，农地"三权分置"的政策构想和实施策略获得全面阐释，自此，"三权分置"全面展开，进一步提高了农业生产效率，实现了新时期农业的跨越式发展。

表3-1　推动"三权分置"的法律制度

时间	法律	内容
2014.11	《关于引导农村土地经营权有序流转发展农业适度规模经营的意见》	提出"坚持农村土地集体所有,实现所有权、承包权、经营权三权分置,引导土地经营权有序流转",将农地"三权分置"确立为实现农业规模化经营的政策选择
2015.2	《关于加大改革创新力度加快农业现代化建设的若干意见》	强调"坚持农民家庭经营主体地位,引导土地经营权规范有序流转",确认了土地经营权的财产属性和流转功能
2015.8	《关于开展农村承包土地的经营权和农民住房财产权抵押贷款试点的指导意见》	明确了在试点地区允许农地权利人对土地经营权进行抵押,激活了土地经营权的融资功能
2015.11	《深化农村改革综合性实施方案》	更为明确地指出,"深化农村土地制度改革的基本方向是:落实集体所有权,稳定农户承包权,放活土地经营权",全面阐释了农地"三权分置"的内涵
2016.10	《关于完善农村土地所有权承包权经营权分置办法的意见》	是我国第一部专门性的针对农地"三权分置"的政策文件,该文件要求各地区各部门结合实际认真贯彻落实,该文件的发布标志着"三权分置"进入正式贯彻落实阶段
2017.2	《关于深入推进农业供给侧结构性改革加快培育农业农村发展新动能的若干意见》	又一次提出要落实农地"三权分置"办法
2018.2	中央一号文件《中共中央国务院关于实施乡村振兴战略的意见》	这一规定正式提出了宅基地的"三权分置",并将其表述为"所有权、资格权、使用权'三权分置'","落实宅基地集体所有权,保障宅基地农户资格权和农民房屋财产权,适度放活宅基地和农民房屋使用权"

"三权分置"是为进一步完善农村土地产权制度，推进农业信息化、新型化、现代化的产物。早在1990年，田则林等便提出以"三权分离"替代"两

权分离",赋予承包权独立属性。国内对"三权分置"的研究从1900年开始,大致可以分为三个阶段。(见表3-2)

表3-2 国内代表性学者对于"三权分置"的研究

阶段	时间	侧重点	代表性学者	主要观点
第一阶段	20世纪90年代至21世纪初	研究"三权"的关系和边界问题	叶华	"三权分置"的由来、"三权分置"的本质规定性和"三权分置"下的农地微观制度安排
			韩俊	界定所有权、承包权、经营权的关系与内容,有利于减少现行土地产权关系中内涵的不确定性,增加国家对农民的产权保护
			黄祖辉	提出要界定农地所有权、承包经营权和农地使用权,为土地使用权流转创造条件
第二阶段	21世纪初至2012年	构建"三权"的产权结构	刘志刚	强化土地所有权,设立土地使用权,放开农地经营权,加强集体农地产权制度建设
			赵紫玉	设计了"所有权归集体,国家保留农地的发展权,农民有完整的农地使用权"的产权构成模式,明晰了集体、国家、农民在农村土地上的责、权、利关系
			丁关良	论证了"三权分置"在理论上不能成立,在实践中无法实施,在司法中不能成为依据,也无法真正保护农民权益
第三阶段	2013年至今	运用新视角来探索"三权分置"的发展思路	宋洪远	实行"三权分置"需要建立健全相关要素市场的基本制度,按照"确权登记——完善土地经营权流转市场和服务体系——探索土地抵押、评估、处置机制等"思路开展活动
			王亚新	提出农地所有权、承包权和经营权实现分置是土地经营制度创新的产权基础,保障农民的发展权是实现土地创新的群众基础
			罗必良	在所有权、承包权、经营权"三权分置"背景下,创新农业经营方式的关键在于盘活农地经营权

"三权分置"主要是指将农村土地的集体所有权、土地承包权及土地经营权这三权进行分置,以适应农村经济发展的需要,满足农民的诉求。经营权是

土地承包经营权在土地经营权流转过程中派生出来的，经营权从此和承包权分离，于是经营权便独立出来，由此形成了所有权、承包权、经营权"三权分置"的制度。集体土地所有权，是指农村各级农民集体对自己所有的土地依法享有的占有、使用、收益和处分的权利。集体土地所有权的主体只能是农民集体，核心是处分权，主要行使监督权利，约束土地使用过程中的不规范行为。土地承包权是集体成员对集体所有的土地的使用和收益的权利。土地经营权实现了土地的合理利用，实现了土地经济效益的最大化，提高了土地使用效率和资源利用率，实现了农民增收。

从"两权分离"到"三权分置"的多元化土地经营权流转方式，推动了土地经营权流转规模经营模式的发展。"三权分置"将促进土地经营权流转，实现农业的产业化、规模化发展，提高土地生产率与资源利用率，提高农民的经营性收入；也释放了农村劳动力，优化了农村劳动力的分布，增加了农民的工资性收入；有利于实现土地财产性权利，增加农民的财产性收入，缩小了城乡收入差距，而城乡收入差距缩小有利于城乡融合发展，进而促进农村经济发展，增加农民收入。

3.1.2 农村土地经营权期限的变迁

农村土地经营的稳定性对农村经济发展有巨大的推动作用，而农村土地经营权期限是影响农地经营稳定性的一个重要因素。农地承包权期限经历了"15年不变——30年不变——长久不变"的变迁历程。在不同的时期，政府制定了不同的政策。（见图3-3）

农村土地经营的稳定性政策调整的着眼点是以给农民更长的土地承包和经营期限来稳定农民的土地使用权属。其政策主题是强调土地承包关系的稳定，目的在于增加农户对制度安排的信念以及对土地经营和投入的预期。从安徽省凤阳县小岗村实行包产到户开始，第一轮土地承包的期限是15年。随着第一轮土地承包期限到期，从1999年开始，第二轮土地承包把承包期限延长至30年。到现在，很多土地的承包剩余期限还有20年左右。

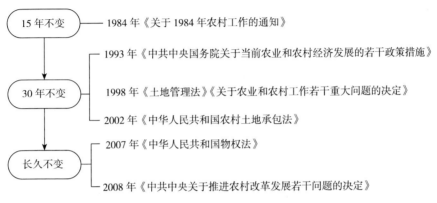

图3-3 政府在不同时期制定的政策

3.1.2.1 15年不变

《关于1984年农村工作的通知》规定土地承包期限一般应在15年以上，生产周期长的和开发性项目，承包期应该更长一些。在延长承包期以前，群众有调整土地要求的，可以本着"大稳定，小调整"的原则，经过充分商量，由集体统一调整。"大稳定、小调整"政策是在平均分配土地的前提下，根据人口变化随时进行土地调整，这样最大限度地稳定了农户土地承包关系。这项政策主要考虑到15年时间太长，部分农户有调整承包地的要求。因此，本着基本制度和政策稳定的前提，预防人口变化引发的人地关系过于悬殊的情况，允许通过"大稳定、小调整"的办法解决社区新增人口的土地问题。

3.1.2.2 30年不变

由于第一轮土地制度安排的时间并不明确，主要起始点也不明确，跨越

1978—1983年近六年，而承包期都以当初规定的"15年不变"为准，所以从1994年开始，农村土地第一轮承包期（15年）陆续届满，在这几年里，土地频繁调整使土地变得更加细碎，尤其是引起农民对土地承包的预期不足，进而影响到农户对家庭承包制度安排的信念。到1993年时，还要不要坚持土地的家庭承包责任制、要不要继续延长土地承包期等问题就摆在了决策者面前。对此，决策者的意志非常明确，强调家庭承包经营的责任制要长期坚持，为了与第一轮规定的承包期限衔接，决策者又制定再一次延长土地承包期30年的政策（简称"30年不变政策"）。"土地承包期30年"的政策，是加快农村经济改革，长期稳定农村政策的重大举措。

"30年不变政策"是指在第一轮土地承包期满后，在第二轮土地承包中农户的土地承包期限延长到30年。确定农村土地经营权期限30年不变也经历了中共中央几次的立法确定，在2002年，明确提出农地经营权期限为30年。

1993年《中共中央国务院关于当前农业和农村经济发展的若干政策措施》出台，明确"在原定的耕地承包期到期之后，再延长30年不变"。各地都按照中央的政策，在第一轮承包期满后再延长30年。同时为了防止因农地频繁调整导致承包权细碎化，决定实行"增人不增地，减人不减地"的政策办法，不仅给予了承包农户承包经营农地期限上的稳定，而且保证了农户承包农地数量的稳定性，实现了我国农地承包权制度稳定性的双重保障。1998年修订之后的《土地管理法》，规定"土地承包经营期限为30年"，在承包期内严格限制土地调整。此举使得农地承包经营权像物权化方向转变。值得注意的是，1998年10月中共十五届三中全会通过了《关于农业和农村工作若干重大问题的决定》，再次明确提出要坚定不移地落实土地承包期再延长30年的决策，同时要抓紧制定确保农村土地承包关系长期稳定的法律法规，赋予农民长期而有保障的土地使用权。这预示着土地经营的制度化建设将上升到法律程序，这对制度规范无疑是有明显作用的。

2002年《农村土地承包法》对农地承包期限、承包合同、承包关系双方的权利和义务做了严格规定，明确提出耕地承包期限为30年，从稳定农地承包权制度、保护农户自主经营权、规范农地承包权的经营流转权以及发展农地承包权的权属等角度保障了农户承包权的各项权益。

1993—2003年，一系列法律制度的出台为农地经营权30年不变提供了制度保障，大大提高了农民的生产积极性，规范了农村承包经营权流转行为，维护了流转双方当事人的合法权益，大大促进了农业和农村经济的发展。

3.1.2.3 长久不变

各国的经验证明，在任何一种土地制度下，有保障的土地权利对于经济发展都是非常重要的。我国正处于并将长期处于社会主义初级阶段，农村生产关系和生产力状况决定，充分调动农户对土地长期投资的积极性是农业和农村经济发展的关键要素。如果赋予农民土地永久使用权，把土地使用权由单一的耕作权扩展到事实上的占有、使用、收益、分配和有限的处分权，并且用制度和法律保障其权利，大部分农户愿意接受土地使用权长期化的制度安排，并对土地长期投资有很大的积极性。目前，以农村土地第二轮承包为契机，在农村实行土地使用权长期化制度性安排的时机已经成熟。抓住这次机遇，将大大加快农村土地制度的改革和创新进程。

强调土地承包关系长久不变是指：农户的土地承包经营权期限足以使其对未来形成稳定预期，这种稳定预期可使自身的权利不受侵犯，可以激励农户在自我经营背景下对土地进行充分投资，有较大的生产积极性，这样既可以实现农民的增收，又可以促进农业的稳定发展。

农地经营权期限经历了一个从"长期稳定"到"长久不变"的过程，在农地承包权制度变迁历程中具有革命性意义，使农地承包权制度的变迁路径更加明晰。在2003年党的十六届三中全会期间，农地承包权制度的阶段性特征是强调承包关系长久不变，开始探索农地承包权确权颁证制度，强化了对农地承包权的物权保护。2007年颁布的《物权法》，规定承包农地在30年承包权期满后继续由承包经营权人承包，并禁止除特殊情形以外的土地调整，为农地承包权长久不变制度奠定了政策基础。2008年10月，党的十七届三中全会《中共中央关于推进农村改革发展若干问题的决定》提出土地承包关系"长久不变"的意见，30年的土地承包经营权期限或将被延长乃至摒弃，赋予农民更加充分而有保障的土地承包经营权，现有土地承包关系要保持稳定并长久不变。

自2008年农村土地承包期限长久不变之后，人们在思想认识层面存在着明显的分歧，不同学者针对这一命题主要给出了两种极具差别的解释。

第一种是认为农地承包期限变成了没有时间限制的土地制度。例如，刘守英（2014）认为土地承包关系长久不变的制度安排，实际上意味着从有期限的土地制度变成没有期限的土地制度。刘福海和朱启臻（2009）将长包制视为土地承包关系永久不变的实现形式，主张农民土地使用权由土地经营权、收益权、转让权、入股权、出租权、继承权等构成，土地长包制即将这些权利的行使时期从30年变为不设时间的长久期限。高圣平和严之（2009）也指出，土地承包关系长久不变意味着土地承包经营权没有存续期间的限制，即土地承包经营权的永久化。

第二种解释认为将土地承包期延长至70年。例如胡昕宇和韩伟（2010）认为土地承包关系长久不变的实质是土地承包"长期化"，该承包期限应超过现行的30年，同时考虑到农民的态度则不应超过70年。杨久栋和苏强（2015）认为，从法律创新及其实现的角度来看，可将耕地、草地、林地以及"四荒"地的承包期一律延长至70年。

目前普遍适用的是第二种解释。而关于承包期限起点计算，通常是以1999年为起点，如将土地承包经营权期限界定为70年，则农民的土地承包经营权将延伸至2069年，即使在本轮承包期30年到期（2029年）之后，农民仍以家庭为单位拥有后续40年的土地承包经营权。

3.2 农村土地经营权流转制度的变迁

土地是人类赖以生存的基本资源，是农民最为可靠的物质保障，更是中国农村经济发展和农民生活不可缺少的载体。农业的发展，农村的进步和农民的增收，都离不开土地，这就决定了土地问题将是"三农"问题的核心所在。所以，研究农村土地经营权流转制度的变迁变得非常有意义。

目前，国内的专家、学者们对农村土地经营权流转的认识主要有以下两种。一种观点认为，农村土地经营权流转是指与土地有关的所有权益部分或者全部在不同的主体之间发生转移的现象。另一种观点认为，农村的土地经营权流转指的是不改变土地的农用性质，农民只是把土地承包的经营权给经营者，而把使用权给流转出去。

我国农村土地经营权流转制度的变迁大致可以分为六个阶段（见图3-4）。

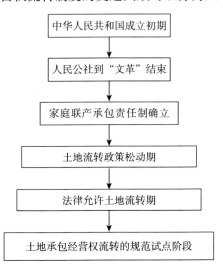

图3-4　农村土地经营权流转制度的变迁

第一阶段，中华人民共和国成立初期（1949—1954年）。1950年6月30日，颁布并实施了《中华人民共和国土地改革法》，力图通过土地改革，废除地主阶级封建剥削的土地所有制，建立农民土地私有制。农民不仅获得了土地，而且对所拥有的土地"有权自由经营、买卖和出租"，真正赋予了农民对土地经营权流转的权利。这次土地改革将封建土地所有制变为农民土地所有制，农民成为土地的主人，解放了农村生产力，发展了农业生产，为中华人民共和国的工业化开辟了道路。

第二阶段，人民公社到"文革"结束（1955—1976年）。1955年，为了避免小农经济方式的局限和生产技术的落后，通过农业生产资料的社会主义改造和人民公社运动，在人民民主专政的条件下，通过合作化道路，逐步将个体农民私有的土地改造为人民公社集体所有，弱化了农民对于土地的产权，个体农民与土地不再存在法律上的产权关系，"有权自由经营、买卖和出租"的流转方式已经不可能实现，农民土地也就没有实现流转的可能。

第三阶段，家庭联产承包责任制确立期（1978—1983年）。1978年11月24日，安徽凤阳县小岗村将村内土地分开承包，实行包产到户。后来，这种"大包干"的做法得到认可，并且很快就在全国范围内推行开来，拉开了农业经济体制改革的序幕。这一制度的实行迅速激活了农村的经济活力，缓解了粮食和食品供应紧张等难题。在这一时期，为了稳定农村土地制度，也为了实现社会的稳定，使城市经济改革的阻力有所减轻，这个阶段颁布的相关法律规避或明确禁止农村土地经营权流转。在农村集体合作社的管理制度中也明确规定，合作社社员所承包的土地不得买卖、出租、转让，应积极对承包土地进行农业生产，不能荒废土地，否则集体有权对承包地进行收回。

第四阶段，土地经营权流转政策松动期（1984—1987年）。随着改革的开放程度不断深入，城乡经济快速发展，农村人口向城市转移的现象开始出现，农村土地经营权流转也随之产生。政府逐渐认识到要发展经济不能将土地限制得过死的问题，因此土地经营权流转的限制因素也应该随着改革的不断深入而适当放宽。在这一阶段，虽然政策对于农村土地经营权流转有所放松，但是法律仍然明确禁止对农村土地的买卖、出租等流转形式。

第五阶段，法律允许土地经营权流转期（1988—2000年）。1988年《宪法修正案》删除原有的"土地不得出租"的规定，并将"土地使用权可以依照法律的规定转让"的规定写进去，这是国家法律第一次对农村土地经营权流转行为予以肯定。1993年党的十四届三中全会召开，大会确立了社会主义经济体制改革的目标，提出允许在保持土地集体所有制不变的前提下实行土地使用权依法转让，加快了农业现代化建设的步伐。1997年，中央农村工作会议提出，土地经营权流转必须建立在农户自愿的基础上，适度规模经营。

第六阶段，土地承包经营权流转的规范试点阶段（2001年至今）。2002年《农村土地承包法》的颁布，意味着农村土地经营权流转制度在我国正式以法律的形式被确立下来。党的十六届三中全会《中共中央关于完善社会主义市场经济体制若干问题的决定》指出，"农户在承包期内可依法、自愿、有偿流转土地承包经营权，完善土地经营权流转办法，逐步发展适度规模经营"，这是对农村土地经营权流转问题政策创新。2007年3月颁布实施的《物权法》则从基本法的层面肯定了农村土地使用权移转制度的合法性，这是对农村土地经营权流转制度和农村土地产权制度改革的进一步深化。2010年的中央"一号文件"《关于加大统筹城乡发展力度进一步夯实农业农村发展基础的若干意见》中，提出要加快构建和完善农村土地承包经营纠纷调解仲裁体系合法性，这一举措大大推动了农村土地经营权流转制度的快速发展。2017年制定并实施的中央一号文件《中共中央国务院关于深入推进农业供给侧结构性改革，加快培育农业农村发展新动能的若干意见》中明确提出，在土地经营权流转中，支持经营权流转、股份制合作、代耕和代种以及土地托管等多种方式并存，加快适度发展多种形式的规模经营。2018年，中共中央办公厅、国务院办公厅印发了《关于引导农村土地经营权有序流转发展农业适度规模经营的意见》，并发出通知，要求各地区、各部门结合实际认真贯彻执行土地经营权流转制度。这是中央对中国农村土地经营权流转工作的最新指导意见，体现了土地经营权流转的最近政策导向，是指导我国目前和未来一段时期内农村土地经营权流转工作的重要纲领性文件。

综上可知，在土地经营权流转制度建设中，政府发挥着越来越重要的作用，其对于农民土地权利的保证和各种制度规章的建设起着直接的决定作用。农村土地经营权流转制度的建设对促进农村土地的规模化经营，提高农业生产效率，推动农村土地承包经营权流转市场的健康发展有着重要的现实意义。必须根据具体的情况深入进行理论分析，以使政府更好地发挥正确的正面引导和管理作用。

土地承包经营权流转经过几十年的发展和变迁，逐渐呈现以下几个特点。

第一，全国农村土地承包经营权流转的速度逐渐加快，而且流转面积和比例已初步形成。农村土地承包经营权流转自20世纪80年代初开始出现。据农业部农村经济体制与经营管理司统计，自2008年以来，土地承包经营权流转明显加快，流转面积和比例大大增加。

第二，农地承包经营权流转呈现出较大的区域性。不同地区的土地承包经营权流转市场呈现出各不相同的发展形态。与东部地区活跃的农村土地经营权流转相比，中西部地区虽然在土地经营权流转方面进行过大胆探索，并取得了初步成绩，但整体上尚未真正启动起来。据农业部统计，东部地区有一半的省（直辖市）流转比重高于全国平均水平。综上可以得出，东部地区发展农地经营权流转较早，且明显活跃，而中、西部地区相对滞后。

第三，农村土地承包经营权的流转方式日益多元化。在农村土地经营权流转中，转包和出租的方式是较为普遍的；而在经济相对发达地区，应用较多的是入股型的土地经营权流转方式；但总体而言，转让土地的形式在我国土地经营权流转的过程中使用是偏低的。随着土地经营权流转制度的不断创新，抵押作为一种新的土地经营权流转形式也在部分地区试点并逐渐推广。结合全国各地土地经营权流转的情况来看，主要流转形式包括转让、转包、出租、股份合作、抵押、互换等。

第四，农户对于土地经营权流转的意愿越来越强烈。随着农村老龄化问题越来越严重，因缺乏农业劳动力而导致土地撂荒现象日益加剧，而土地经营权流转可以利用现代化技术实现农业耕地的连片利用，有效规避了撂荒现象，提升了土地的经营效益，因此农户流转意愿较为强烈。

在经济发展过程中，由于家庭联产承包责任制对经济的推动作用基本消失，使得进一步的制度变迁成为现实需求。在这种形势下，农地流转制度进行变迁具有重要的实践意义，具体体现为以下方面。

第一，土地经营权流转有利于促进农村土地资源在土地经营者之间的合理流动，优化土地资源配置，提高土地使用效率，加快农村土地规模化、集约化的进程，克服小规模家庭经营的不足。土地经营权流转可以使分散的农村土地集中在专业的土地经营者手中，以此提高土地的使用价值，形成规模效应，获得经济收益。

第二，土地经营权流转有利于促进农村劳动力向第二、第三产业转移，加快城乡一体化进程，实现农民的增收，促进农村发展。土地经营权流转通过土地使用权的转让和交易，使不愿或无力经营土地的农民从有限的土地上解放出来，并获得相应的转让收益，从而使他们转向第二、第三产业，实现农户的增收，促进经济的全面发展。

第三，农村土地经营权流转制度变革是解决我国"三农"问题的关键，是完善农村家庭联产承包责任制的核心，也是推动我国农村经济发展的重要力量。在农业现代化的条件下，允许土地承包经营权合理转让，是农业和农村经济发展的客观要求。

第四，土地经营权流转有利于农业产业结构调整，加快农业经济快速增长和保障制度建设。农业产业结构调整是指为了满足经济发展水平和人民生活水平的不断提高，根据市场需求及其变化趋势进行农产品生产结构的调整与优化，从而满足社会不同群体对农产品多元化、优质化、绿色化的需求。

通过对农村土地经营权流转制度的变迁的分析，可得出以下研究结论。

第一，农村土地经营权流转是生产力发展到一定阶段的产物。随着经济的快速发展，生产力水平不断提高，集约化、规模化的土地经营模式成为发展的主要趋势。

第二，农村土地使用权流转是随着家庭联产承包责任制而产生的，并随着农业结构调整的推进而发展，近年来呈快速发展趋势。

第三，农村土地经营权流转制度变革只能走政府主导的、充分发挥农民等经济主体作用的、渐进式的制度变迁路径。政府是土地经营权流转制度的制定者，农民是政策的实施者，而渐进则主要表现在改革由局部到整体，由简单到复杂的过程。

3.3　农村土地经营权流转存在的主要问题

随着农业的发展、农村经济的繁荣，以及农村劳动力的转移，农村土地使用权流转的规模逐渐扩大。土地经营权流转制度在法律上经历了由禁止、实施到逐渐规范化的过程，土地经营权流转的范围逐渐从东南沿海延伸到内地地区，流转行为和活动也变得非常普遍，制度也越来越成熟，在全国范围内成效显著，但在流转过程中，不断呈现出新的问题，并引发了多方面的社会矛盾。主要问题包括以下几种。

（1）传统观念根深蒂固，流转水平偏低。

很多农民对土地的眷恋很深，土地是生活的保障，是生存的物质基础。土地具有社会保障和就业功能，而当前农村社会保障机制尚未形成，决定了农民不能轻易离开土地。对于农民而言，拥有土地和经营土地，不仅仅是一种生产方式，而且是一种生活方式，同时还是一种积累财富和财富可以继承转让的方式。若非不得已，土地买卖和改变土地承租关系都极难发生。近年来众多惠农利民政策的相继出台，让农民对前途充满信心，但由于不少农户怕政策多变，对农村土地的所有权、承包权、经营权、收益权、处分权等概念没有清晰的认知，对于土地经营权流转顾虑重重，担心以后可能丧失土地增值收益和征用时的经济补偿。另外，由于受技术水平高低、农民文化素质等因素的影响，农民的就业选择是有限的，发展第二、第三产业的能力不足。同时，广大农村社会保障体系还没有完整建立起来，社会保障体系的不完善使大多数农民日后的生活没有稳定的保障，而且大多数农民收入的主要来源甚至唯一来源是土地经营，尤其是对于中西部缺乏农外就业渠道的农民更是如此。所以，农民对土地经营权流转存在后顾之忧，即便粗放种植，造成土地经营不善，杂草丛生，产量逐年下降，使土地毫无经济价值，也舍不得把土地经营权流转出去。这种状况严重阻碍了农村土地正常、合理、有序地流转，拉低了土地经营权流转效率，在一定程度上浪费了农村的土地资源，导致农村经济不能快速发展。

（2）土地产权模糊、产权界定不清。

在农村土地经营权流转的过程中，土地产权主体模糊不清，虚化的土地经营权流转利益主体难以适应现代农业市场化的客观要求。一是土地所有权界定没有清晰的标准，土地所有权实现程度远远不能满足农业现代化发展的需要。农村土地所有权归农村集体经济组织所有，在《宪法》《民法通则》《土地管理法》《农业法》等重要法律中都已明确规定，但其中的土地归集体所有的主体是乡镇、村还是村民小组并不明确，"集体"定义极为含糊。这种"三级所有"的现实情况易造成土地所有权的模糊，给权利主体的认定带来很大困难，出现了谁都有权利，谁都无法行使的情况。虽然集体经济组织拥有农村土地的所有权，但并未拥有法律赋予的所有权的全部权力，只能在农户之间进行土地的调整、分配。这样就使得农村集体土地所有权主体的权利不是充分和完备的，造成土地经营权流转的利益主体被虚化。二是土地的使用权界定是模糊的。在现实生活中，由于某些原因，地方总是多次对农村土地承包权进行不同程度的调整，最终导致土地使用权的不稳定，降低了农民对土地中长期投资的积极性。

（3）土地经营权流转行为不规范，缺少管理。

在土地经营权流转过程中，不少地方由于缺乏土地经营权流转的市场中介组织，土地经营权流转主要依靠农民自发进行，因而土地经营权流转手续不健全，流转合同签订不规范。主要表现为以下方面。一是大部分的土地经营权流转都是农户与农户之间的自发行为，报批准、报备案的少，申请变更登记的更少，土地经营权流转的自发性、随意性明显。二是在土地经营权流转过程中，多数农户都是私下通过口头约定，不签订书面合同，有的签订了书面合同，但书面合同既不符合格式要求，也缺少合同的必备内容，如合同标的、期限、补偿方式、双方权利义务及违约责任等缺乏明确具体的规定，在某些方面不具有法律效力。有的没有经过集体经济组织的审查同意。这种情况极易引发合同纠纷，一旦纠纷发生便难以处理，从而给农村的稳定埋下一定的隐患。目前，还没有一个比较完整的土地经营权流转合同档案，农村土地经营权流转资料档案缺乏。事实上，尽管最近两年土地使用权流转速度加快，但由于缺乏规范化的土地经营权流转机制，大部分农民宁愿土地长草，也不肯放弃占有土地，极大地阻碍了农村土地经营权流转的运行。

（4）土地经营权流转规模小且地区分布不均衡，阻碍农业产业化的发展。

近几年，农村土地经营权流转速度明显加快，但是不少地方的农村土地经营权流转，仍然停留在分散的个体经营上，缺乏一定程度的规模经营。分散零星的生产经营方式难以摆脱小农经济的桎梏，不能从根本上改变小农经济的状况，制约了农业结构的调整，影响了农业产业化经营的形成和发展。此外，由于各地情况不同，经济发展水平也不相同，所以造成土地经营权流转的规模也有很大的差异。东部沿海经济发达地区土地经营权流转的面积远远大于中西部经济相对落后的地区,沿海发达城市的规模也大于中西部地区。目前,土地经营权流转的效率不高,流转面积不够大,土地经营权流转的区域差异明显,这样造成的结果就是会阻碍农村土地经营权流转的宏观发展,阻碍农村经济发展,也造成了地区经济发展的不平衡性。

现在,一些地方土地经营权流转组织化程度很低,大部分土地经营权流转后仍旧处于零星分散状态,而且大部分土地没有进行农业综合开发,地块小且不平整,水、电、路建设滞后,无法集中连片种植和机器大规模耕种,没有形成土地集中的态势,无法形成规模经营,不利于产业化发展。从目前来看,土地经营权流转主要发生在本村村民之间,以村内流转为主,而且流转期限较短,流转方式比较单一,只有出租、转包等形式,规模化经营程度不高,土地、资金、技术和劳动力资源缺乏科学、有效的配置,大多数农户还没有因为土地经营权流转而获得更多的收益,缺乏主动投入现代农业的积极性。

当然,这些问题的存在,是很多因素共同作用的结果。一方面,承包者的文化素质影响了管理水平,对农业产业化经营缺乏科学的经营能力;另一方面,因资金和技术限制,缺乏先进的机械设备和相应的生产技术,没有形成规模经营。还有农民群众受教育程度不高,受小农经济思想的影响,对土地经营权流转的积极性不高。当然,还需要各级政府和有关部门在广大农村鼓励和扶持多行业的致富带头人,让现代经营理念与科学的管理逐渐渗透到农村,从而尽可能地加快土地经营权流转进程。

(5)农用地用途的改变。

为了促进农业的发展,政府提高了农副产品价格,但是因为农副产品受自然因素以及市场的影响较大,导致农业生产经营具有一定的风险。且当前正处于土地改革的关键时期,经济快速发展的同时要求其他基础设施的建设跟上步伐,而这些基础设施的用地就只能从农用地的转让获得,因此,大量农村土地经营权流转后，原本的农业用地转变为工业工地或商业用地，破坏了土地资源，不利于土地的可持续发展。

3.4　本章小结

"三权分置"是我国农村土地制度改革以"两权分离"为基础进一步深化发展而来的，它顺应我国经济社会发展需要，也是生产关系适应生产力发展到一定阶段的产物。"三权分置"的全面展开，进一步提高了农业生产效率，促进农业向现代化、规模化方向发展，实现了农业的跨越式发展。

农村土地承包经营权期限，是使土地使用权长期化的核心内容，也有利于保障农民土地权利。农村土地经营的稳定性对农村经济发展有巨大的推动作用，而农村土地经营权期限是影响农地经营稳定性的一个重要因素。

农业问题最根本、最核心的问题就是农村土地制度问题。农村土地经营权流转制度的变迁大致可以分为六个阶段：中华人民共和国成立初期、人民公社到"文革"结束、家庭联产承包责任制确立期、土地经营权流转政策松动期、法律允许土地经营权流转期、土地承包经营权流转的规范试点阶段。随着土地经营权流转制度的变迁，我国的土地经营权流转制度逐渐完善，大大促进了农业的发展，实现了农民的增收。

4 农村土地经营权流转的机制研究

由于目前农村土地经营权流转的市场机制不完善，存在严重问题，包括土地转让主体界定不清、不符合市场要求、交易主体参与市场交易的积极性受阻、土地经营权流转程序复杂、交易成本过高等。这些问题导致农地流转市场效率低下，直接影响到农地利用率的提高。因此，本章将从农村土地经营权流转的参与主体、必要性、影响因素、流转去向行为和流转模式等方面进行详细的论述。

4.1 农村土地经营权流转的参与主体

农村土地经营权流转的主体是农户、各级政府及部门，包括村集体经济组织，都不是土地经营权流转主体，而是为流转服务、监督、管理的主体。通过形成政府、农户和经营者与中介机构的协作治理关系，特别是将中介机构这一具有公益性质的主体引导进入当前农村土地经营权流转过程中，可以为参与主体提供服务。通过多主体的通力合作，解决流转中不同类型的问题，进而最大限度提高农村土地经营权流转的效率。(见图4-1)

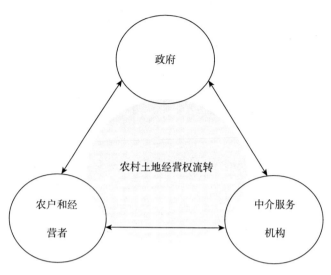

图4-1 农村土地经营权流转参与主体

4.1.1 农户和经营者是农地流转过程中的参与主体

农民家庭具有承包农村土地经营权的权利，是参与农村土地经营权流转的主体，且土地使用权流转必须建立在农户自愿的基础上。在承包期内，农户对承包的土地有自主使用权、收益权、流转权，有权依法自主决定经营权是否流转和流转的形式。但是，农民家庭在生产能力、技术水平、市场化程度等方面具有一定的局限性。因此，仅仅将农户作为参与土地经营权流转的主体的做法不利于实现土地的规模化和集约化经营。另外，按照农村土地市场化发展的要求，土地经营权流转模式的多样化同样需要大量的除农户以外的主体参与。因此，在农村土地经营权流转模式的创新中，培育除农户以外的其他主体的参与是一项重要内容。除农户以外，可参与土地经营权流转的主体包括家庭农场、农村专业大户、返乡创业农民和城市工商企业、龙头企业、农民专业或股份合作组织等。

参与主体积极性和主动性的发挥对于农村土地经营权流转模式创新尤其重

要。主体是土地经营权流转的直接参与者，对于实际生产中可能出现的问题最为了解，他们也是土地经营权流转的直接受益者，所以为了更好地规避和增加收入，他们更愿意尝试新的模式。经过研究发现，很多土地经营权流转中的新模式、新做法都是由农户等参与主体创造出来的。对于参与主体积极性和主动性的发挥，应该注意以下下几点：一，在法律和制度层面对主体的各种土地权益进行保护，厘清各种与主地相关的权能，明确权利和义务。二，在政策与措施上予以支持，尊重群众的首创精神，最大限度地保证主体积极性和主动性的实现。三，建立完善的风险应对机制，充分考虑到他们进行流转模式创新可能遇到的风险，解除后顾之忧。提高农民的知识水平对农村土地经营权流转的顺利进行起着至关重要的作用。四，农民拥有土地，是农业生产的主体，在当今时代，农业现代化要求农民具有高水平的知识，故努力提高农民的知识水平对农业的发展有着重大的意义。

4.1.2　政府是农地流转过程中的管理主体

政府作为公共政策的制定者，其管理者角色毋庸置疑。一项政策能不能得到有力的贯彻实施，与政府有着莫大的关系。当前，农村地区落实土地经营权流转政策，基层政府起着举足轻重的作用。其主要作用包括以下几点。

（1）加强政府的监督管理。

首先，制定相关法律法规，构建农地产权体系。深化推动农村土地经营权流转，使法律法规满足农村土地市场流转的需求，明确土地经营权流转过程中的权利与义务，使土地经营权流转过程有法可依。同时，为了规范土地经营权流转程序，政府可以出台指导性的意见，为实际操作提供准则。

其次，积极宣传引导，加强政策执行力度。在家庭联产承包责任制基础之上，适时推出农地"三权分置"这项宏观战略。提高基层政府对于农村土地经营权流转政策的解读，积极引导广大农民对于政策的解读，从而提高农村土地经营权流转效率。在宣传引导过程中要让农民了解土地经营权流转的具体形式有哪些并形成土地的所有权是属于集体的概念。

最后，完善调解机制，加强监管职能。在农村土地经营权流转过程中，由于体制不完善，涉地纠纷时有发生且调解机制不完善，这导致了土地经营权流转双方的利益都难以保障，严重影响了土地的使用效率。同时，由于基层政府对土地经营权流转缺乏有效监管，导致土地经营权流转程序不规范的问题突出，进一步影响土地经营权流转的健康发展。所以政府应完善调节机制并加强监督管理。

（2）贯彻落实政府的政策。

一项好的政策制定出台之后，其成功的关键在于如何执行。在农地"三权分置"的改革背景下，开展农村土地经营权流转，其核心就是保障经营权高效地流入经营者手中，以创造农村土地资源的最大效益，促进农业向现代化转变，推动农村经济的快速发展。基层政府在贯彻执行政策时，要切实保护农民的合法利益，使土地经营权流转有效地运转，从而提高土地的利用效率。

第一，加强农业基础设施建设，完善农业补贴政策。农村土地经营权流转为追求规模经营，为实现农业向现代化转变，农业的基础设施配套就必须得到有效的保障。政府相关管理部门应该根据实际情况，加大农业基础设施专项资金投入，创造优质的投资环境。同时，还应该加大与社会资本的合作，逐步改善农业基础设施建设迟滞于发展要求的现状，打通阻碍土地经营权流转的最后藩篱，创造有利于发展的农业经营环境。同时，农业补贴对于农民与经营者都是至关重要的，补贴可以作为农民的基本生活保障来源，也是经营者降低经营风险的保证金。因此，国家应该按照适当比例，在原有农户和新的经营者之间进行合理的资金分配。同时，对已经户口外迁的原有集体经济组织成员，可以采用"退出"机制，实行农业补贴的差异化与动态管理。

第二，建全农民基本保障体系，解决流转后顾之忧。为了释放农村劳动力，推进规模经营，需要将农民手中的土地经营权流转到市场中，这就需要解决农民的后顾之忧，为其在土地经营权流转后提供生活保障。政府相关部门应该重点做好以下两个方面的工作：一是构建农村人口就业扶持机制。创建农村劳动力转移就业培训中心，支持脱农农民自主创业，促进农民工合理流动等都是非常有效的措施。二是完善农村基本养老保险体制。当前我国农村地区创建了新农合、新农保等保障措施，在一定程度上保障了农民的基本养老，但是并未能从根本上解决农民的养老问题。对于愿意长久出让土地的农民，政府可以尝试通过个人缴纳、集体补贴和政府补助的方式，建立较为健全的养老体系，解决农民的后顾之忧。

（3）政府的公共服务供给。

政府的职责就在于提供优质的公共产品与服务，但是由于特殊国情，公共服务一直未能实现均等化，公共资源投入倾向城市发展是个不争的事实。在当前农村地区发展过程中，越来越需要加大公共产品与服务的供给，这在新一轮农村土地改革中表现尤为明显。农地经营权流转处于起步阶段，土地交易市场还未成熟，由于基层政府未能提供优质的公共服务，导致农民的土地经营权流转还处于盲目、无序的状态之下，土地经营权流转规模不足，效率低下。因此，政府应提供优质的公共服务，具体包括以下几个方面。

第一，构建农地经营权流转中介组织。在发展初期，政府应构建中介机构，为农户和经营者提供土地经营权流转信息，使其在农地流转过程中做到信息对称，使农户想流转出土地，便能找到转入方；经营者想转入土地，便能找到转出方，以保障农地的高效流转。

第二，完善新型职业农民培训体系。在农村土地经营权流转趋势之下，一批种粮能手、种粮大户、农场负责人和农业合作社负责人等将成为农业和农村发展的领军人，称之为新型职业农民。新型职业农民是以独立自主、流动开放、集约专业、高素质为主要特征，且以农业投资经营为主要职业的群体。为实现构建现代化农业体系，政府应完善新型职业农民培训体系，培养具备先进的农业耕种经营知识的新型职业农民，使其成为建设现代农业的主导力量，农业转方式、调结构的引路人。

第三，加快引导涉农资本。政府应提高对农村土地改革的重视程度，积极把社会上的农业资本引入农村与农业，发挥其资源调配的优势。基层政府也要为社会资本进入农业领域开辟绿色通道，对高科技含量的农业企业提供政策上的支持。将土地资源转入最适当的经营者手中，为促进农村发展进步、农业现代化进程，以及农民利益提升创造机遇。因此，政府需要加强对社会资本的引导力度，扩展招商引资的渠道，将真正合适的农业经营者带到农村土地交易市场中。

第四，加强农民培训。提高农民综合素质的途径有很多，农民培训是一种较好的方法。农民培训可以发挥农民的潜力，既能削弱传统观念对农民的制约，又能使农民的观念更加开放。除了务农，农民还有其他利益，可以充分将这些爱好转化为农民的谋生手段，政府可以加大对农民在农业生产和其他方面的技能培训，一方面充分提高农民的生产活动积极性，另一方面也会解决失地农民的后顾之忧。在农民培训的过程中，要解决场地问题、教师问题及实践问题，需要给予一定的重视，让农民认识到自己有更大的潜力，才能实现更高的发展水平。通过各种培训和学习，一方面使农民参与农地流转；另一方面还可以学习农业生产的多样化，而不局限于粮食的耕种。这对于实现农业生产模式多样化、提高农民的收益以及全面深化农业改革具有重要作用。

4.1.3　中介机构是农地流转过程中的服务主体

政府需要建立健全公共服务体系，转变公共服务模式，改变以往"以钱养人"的服务模式，农村土地承包经营权流转服务的生产和提供，完全可以通过合同承包、补助、凭单、特许经营等形式，由私人机构或社会机构来完成。积极发挥中介服务机构在农村土地经营权流转过程中的桥梁作用。

（1）保障经费，搞好扶持。

县财政和各乡镇（街道）保障开展农村土地承包经营权流转管理工作的经费，在每年的财政预算中安排一定额度的土地经营权流转专项资金，保障工作开展，鼓励土地集中连片流转，扶持引导农业企业、农民专业合作社和农业经营大户对流转土地进行规模化经营。

加强土地经营权流转服务体系建设，建立县、乡、村三级土地经营权流转服务体系，配备完善的设施设备。县土地经营权流转服务中心、各乡镇服务站设立服务窗口，全面开展土地经营权流转政策咨询、信息收集发布、登记备案、合同签证、合同管理、用途审查、纠纷调处和档案管理等服务。

（2）扩大宣传，营造氛围。

进一步加大对《农村土地承包法》《农村土地承包经营权流转管理办法》等相关法律法规的宣传力度，通过印发传单、召开会议、组织宣传车等形式，让农民更加了解国家有关农村土地经营权流转的政策。带领干部群众到土地经营权流转成功的村庄，让农民看到土地经营权流转带来的规模效益，鼓励、支持和引导农民加快土地经营权流转的步伐。

加强对农村土地承包经营权流转的正确引导，通过各种方式，积极宣传农村土地承包经营权流转方面的法律法规和农业产业结构调整政策，提高农户对合理、有序流转土地重要性的认识。抓好典型宣传，通过典型引路，以点带面，推进农村土地承包经营权流转。坚持因地制宜，因势利导，积极组织开展土地经营权流转工作，并及时总结和推广土地经营权流转的好做法和好经验，稳妥解决土地承包经营权流转中出现的问题。

（3）积极培育，快速发展。

建立市、县、镇三级农地产权交易所，其在农村土地经营权流转过程中，扮演好"中介"组织角色，其最主要的作用为以下三点：一是提供准确的土地经营权流转信息；二是保障规范的流转程序；三是促进土地资源的合理流动。通过构建市、县、镇三级农地产权交易所，可以满足不同规模的土地经营权流转需求。

首先，通过市级产权交易所的统筹，可以完成规模较大的土地经营权流转，其主要的服务对象是现代化农业企业，引导社会资本顺利进入农村和农业领域。县区级的农地产权交易所，主要是完成中等规模的土地经营权流转，服务对象是县域范围内的种粮大户、农场和农业合作社等，为连片跨区域流转土地提供规范的、高效的服务。

其次，乡镇级的产权交易所，服务对象是本乡镇内的土地经营权流转参与者，土地经营权流转规模较小且集中在本乡镇及自然村范围之内。农村土地产权交易所的建立，不仅可以为农民和经营者提供准确的交易信息，更可以通过规范的流转合同，约定转出方和转入方彼此的权利与义务，避免涉地纠纷的滋生，保障土地资源利用效益的最大化。

最后，重视村集体在农村土地经营权流转过程中的作用，减少农户在土地经营权流转过程中可能发生的交易费用。一是重视发挥村集体在土地经营权流转中的中介作用，因为村集体是村民的联系纽带，再加上村集体与政府部门的天然联系，使得村集体更具有公信力，农户在流转过程中，更信任村集体，但是也要规范村集体的行为，避免村集体强制推行农地流转带来的负面作用。二是村集体或者乡镇组织可以在当地成立土地经营权流转信息服务平台，及时发布农户的土地经营权流转需求信息，充分满足当地农户对土地经营权流转服务的需求。

（4）引导社会组织，服务农地流转。

农村土地经营权流转过程中应该秉持开放、共享、协作的发展理念，积极动用一切资源推动农村、农业发展进步，为广大农民创造利益。政府的公共投入总是有限的，特别是在农村地区，有时难免鞭长莫及。为了最大限度地为当前农村土地经营权流转提供优质的服务，政府需要借助社会公益性组织的力量，引导其进入农村，进入农村土地经营权流转过程，进入农业经营过程，发挥其自身组织优势，打好当前深化农村土地改革的攻坚战。例如，社会法律服务组织可以为农民提供专业的法律服务，帮助农民在土地经营权流转过程中，依法保护自身合法权益，并且能够为解决纠纷提供帮助；社会农业服务组织可以为经营者提供技术支持，还可以为新型职业农民提供免费的培训；社会经济服务组织可以为农产品的销售提供信息咨询，并培训经营者借助现代电商的技术，拓宽农产品的销售渠道等。社会组织进入有一定的现实壁垒，需要政府相关部门为其进入农村、农业领域开辟绿色通道，并将一部分职能赋予社会组织，引导其服务当前农村土地经营权流转进程。

综上所述，政府、农业、经营者和中介服务机构在农村土地经营权流转中起着重要作用，形成了相互联系、相互影响的有机整体。其中，政府在监督管理、制定相关政策、公共服务供给等方面发挥推动引导作用，并在中介服务机构的辅助下，结合土地经营权流转公开市场，为农村土地经营权流转创造良好的流转环境，同时也会促进农户收益的提高，企业的发展和农村土地现代化发展；为使农村土地经营权更加有效地流转，政府就要对农地流转实行鼓励政策，引导村集体集中农地，共同流转土地，并对此进行奖励；中介服务机构要认真学习政府的指导思想，落实帮扶政策，推动农村土地经营权向更加有效的方向发展；经营者和农户需要提高自身的文化素养，充分学习政府对农地流转的政策，积极实行，在政府和中介服务机构的积极引导和支持下，带动整个农村土地经营权流转向前不断发展。农村土地经营权流转参与主体流程见图4-2所示。

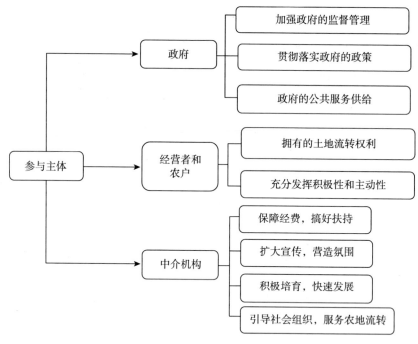

图4-2　农村土地经营权流转参与主体流程

4.2　农村土地经营权流转的必要性和影响因素分析

4.2.1　农村土地经营权流转的必要性

随着农地经营权流转的普及，越来越多的家庭农场、专业大户、合作社、农业企业等新型农业经营主体参与其中，使得土地经营权流转模式呈现多样化特征。因此，探究农业经营制度创新背景下山西土地经营权流转，对于政府进一步完善"三权分置"制度，制定规范农地流转和发展规模经营的政策非常必要。

（1）完善家庭联产承包责任制的需要。

家庭联产承包责任制，产生于20世纪80年代，是以家庭为单位承包集体所有的土地等生产资料，在保留集体经济的同时，又实现了一定的自由分配。在家庭联产承包责任制实行的初期，农业产值的各个方面得到了迅速提高。但是进入21世纪后，这项制度带来的农业产值的增长放缓了脚步。由于农村土地集体所有且土地的肥沃程度不同，以公平为原则，在分配土地的时候，优劣搭配起来，这样就造成同一块土地被过度分割，农户的土地很难集中在一起。这种碎片化经营，起初依靠农户的生产积极性，使农业年产量增幅较大，但是很快遇到了瓶颈，无法适应现代化、工业化的脚步，城乡经济呈现二元化发展。这表明曾经的家庭联产承包责任制带来的创新效益在慢慢消退，迫切需要新的创新、新的活力注入。

（2）增加农民收入的有效途径。

目前，农业还是以小农经济为主，抗风险能力较差，这里说的风险不仅包括自然条件的突变所带来的灾难，还包括由于信息不对称，引发市场经济的价格机制所带来的不确定性。况且农业生产经营规模较小，农民收入低且存在严重的不稳定性。科学技术是第一生产力，但是，科学技术的前期投入成本很高，只有生产达到一定规模之后，其效益才能显现出来。要提高农业的抗风险能力，增加农民收入，一个有效的途径就是通过土地经营权的合法流转，扩大现有的经营规模，有了一定的规模，就可以加大科技的投入，通过提升产品的附加值，提高产品在市场的竞争力，进一步增加农民收入，有效地缓解日益严峻的"三农"问题。

（3）发展现代农业的客观要求。

随着对外开放脚步的加快和市场经济的发展，落后的农业生产经营方式已经严重制约了生产力的发展。传统的农业生产经营方式过于粗放，土地资源没有得到充分利用。机械化时代的到来，迫切需要从传统农业转变到现代农业的轨道上来，转变生产方式，提高土地资源利用效率。现代农业的前提是土地规模化，把土地有效地集中起来，集约化、机械化、专业化。但是，目前农户的土地规模较小，过于分散，无法机械化、专业化种植。在自愿、合法、有偿的前提下，加快土地经营权的合理流转，扩大农业的经营规模，是发展现代农业的客观要求。在经营规模扩大时，有条件的可以实行农业产业化，发挥企业的带头作用，利用企业的管理、技术，进一步提高经济效益。

（4）城镇化发展的必然需要。

从英国、美国等发达国家的发展轨迹可以看出，在工业化进程中，城市化开始发展，农地逐渐集中起来，农业生产经营开始走规模化道路。这是发达国家的发展轨迹，值得我们借鉴。我国是发展中国家，现在正处于工业化的中级阶段，城镇化的进程正在逐步加快，农村剩余劳动力的转移是城镇化进程的重要标志。剩余劳动力的转移过程中，就涉及土地经营权流转的问题。农村劳动力的转移是一个循序渐进的过程，只有实现土地经营权合法流转，农民的利益得到充分保障，才能充分解放农村剩余劳动力，鼓励他们到乡镇中去，适应经济社会发展的节奏，为乡镇经济的发展做出贡献，提高农民的生活水平。伴随着城镇化的发展，农业也可以实现规模化经营。

在农村土地经营权流转中受到多方面因素的影响，本节将从外部环境（宏观角度）和内部因素（微观角度）两方面影响因素来详细阐述。农村土地经营权的影响因素流程框架见图4-3。

4.2.2 外部环境（宏观角度）影响因素

（1）农地的确权对农户土地经营权流转的影响。

稳定清晰的农地产权是实现农地健康有序流转的基本前提。农地确权能够在一定程度上促进土地经营权流转，但是仍然存在阻碍农地进一步流转的因素（见图4-3）。

第一，农地确权可以保障地权的完整性，增强农户对地权稳定性的预期，增强农户对土地的长期投资降意愿，低土地调整制度风险，带来土地资产价值的提高，消除不确定性，从而促进土地交易，提高农地作为贷款抵押物的价值，增加农地的转出规模。而农地在确权后并没有出现大规模的土地经营权流转，可能的阻碍因素有以下两种：一是农地确权的效果具有滞后性。确权两年以上的村庄，土地的流转量和流转率明显高于未确权的村庄。二是农地确权不到位、确权后土地使用期限和未来政策的不确定性等因素影响农户难以获得稳定的预期。首先，土地承包经营权证发放不到位增加了土地交易的不确定性。其次，农地确权仅仅界定了承包经营权，但是依旧未能为农户提供一个明确而稳定的时间预期。最后，农地确权后农地的政策充满不确定性，农户担心转出的土地无法收回。因此，受自我保护心理的影响，农户对确权后的农地流转持观望态度。

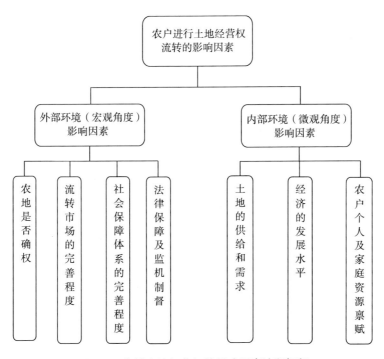

图4-3 农村土地经营权的影响因素流程框架

第二，农地确权后通过引发新的农地纠纷和不确定性、抬高交易价格等传导机制，对农地流转产生抑制作用。具体表现为以下方面：一是农地确权会引发新的农地纠纷或者不确定性，阻碍土地经营权流转。土地承包经营权确权的做法，加深了农民的私有化意识。农地确权之后，农户会出现分厘必争的心态，导致农地纠纷大大增加。二是农地确权会提高交易价格，降低了达成交易的机会。农户在确权后，会提高自己转出农地的价格，从而增大达成交易的难度。

第三，土地产权继承制度因素。土地财产所有权利的总和就是土地产权。我国农村土地制度发展阶段大概经过了从土地改革、人民公社制度、家庭联产承包制到出现农地流转四个主要阶段。现阶段，农村分离的土地经营权与所有权是限制土地经营权流转的主要障碍，从而限制了农村土地经营权的流转效率。

（2）农村土地经营权流转市场的完善程度对土地经营权流转的影响。

随着土地确权工作的不断推进，土地入市交易已经成为可能。在土地交易过程中，土地经营权流转价格的确定应遵循市场规律，并在交易双方的协商中完成，在市场机制的调节下，让农村土地资源能够得到更为优化的配置，然而这离不开完善的市场体系支持。现阶段，土地经营权流转市场体系尚处于初步建设阶段，各项政策、制度体系等还不够完善，使得现阶段土地经营权流转不畅，且有相当一部分群体对土地经营权流转交易认识还不够全面。此外，很多地方虽然土地经营权流转平台建立起来了，但农户还是主要依靠村集体经济组织来获取流转信息，且由于农地的流转程序不规范、中介组织不完善以及市场机制不健全等原因增加了农地流转过程中的交易费用，从而制约了农地的流转效率。

第一，集体经济组织的干预。由于农村产权交易市场建设迟滞，交易信息不对称和集体经济组织的干预，使得农地流转中介机构难以发挥作用。目前，普遍以农村集体经济组织作为农地流转的中介机构，但是，集体经济组织既当"裁判员"又当"运动员"，免不了干涉农地流转主体的合法土地使用权、处置权和收益分配权，从而使这种中介机构失去应有的效率和功能。另外，农村集体经济组织的社会活动范围比较小，覆盖面有限，使得运作费用高且效率低下，不利于农地流转市场的发育和流转主体的双向选择。这种单一的中介组织机构，独立于集体和土地使用者之外的农地流转中介服务机制还没有建立起来，严重地制约了农地流转市场的发展。

第二，中介服务机构的缺失。随着农村工业化、城镇化进程的逐步推进，进入二轮市场流转的农村土地数量逐年增加，这时如果还是由农户自发地进行农地流转，双方当事人只是进行简单的流转程序，势必会因流转效率低下，影响农地流转市场的培育和发展。其实，农村土地承包经营权流转的运作程序相当复杂，涉及交易的多个主体，即土地所有者、承包者和受让方的经济利益，而作为流转主体的农户大多无法掌握如此复杂的流转程序，这就需要有完善的中介服务机构参与农地流转，并为其提供政策解读、法律咨询、担保等服务支持。当土地经营权流转市场发展水平较低以及中介机构的信息不完整时，愿意转让和流转土地的农民找不到令其满意的承包方，同时愿意承包土地的承包方也找不到适合的土地转让者，这会在很大程度上影响农村土地资源的优化配置以及合理流转。要想从真正意义上促进和发展农村土地经营权流转，可以着重从发展土地经营权流转第三方中介组织以及发展和培育农村土地经营权流转市场两方面入手。

第三，土地定价机制不够完善。由于当前农村土地经营权流转市场体系建设的不完善性，中介组织服务资源缺乏，使得一些流转土地定价不规范、不合理，在一定程度上了降低农户参与土地经营权流转的积极性。在当前的情况下，土地经营权流转价格基本上采取"一刀切"的方式，并没有根据土地的质量、附加值、地理位置等进行差别定价，导致流转土地的市场价值无法充分体现出来。

（3）农村的社会保障体系对农地经营权流转的影响。

从某种意义上说，农村的土地是具备一定的社会保障功能的，这也是影响农民是否愿意将土地经营权流转出去的重要因素。国家的社会保障政策包括医疗、养老、就业、教育等多方面的内容，一旦农村这方面的合法权益得不到有效的保障，外出务工面临失业风险以及农地流转收益过低，使得农村土地依然负载着养老保障、失业保障和生存保障等功能，这就会在很大程度上降低其进行土地经营权流转的积极性和主动性。由此我们可以看出，制约农村土地经营权流转的主要因素之一就是农民的合法权益能否得到有效保障。（见表4-1）

表4-1　社会保障制度城乡对比

项　目		农村社会保障制度	城市社会保障制度
社会保险	生育保险	少数地区建立	按工资总额缴存一定比例
	失业保险	少数地区建立	按工资总额缴存一定比例
	医疗保险	农村合作医疗	社会统筹与个人账户相结合
	工伤保险	少数地区建立	按工资总额缴存一定比例
	养老保险	家庭保障,政府补贴	社会统筹与个人账户相结合
其他项目	社会福利	农村敬老院,农村五保	社区服务,敬老院,福利院
	社会救助	低保,专项救助,灾害救助	低保,专项救助,灾害救助

第一，农村养老保险覆盖面大小的影响。目前，城市老年人的养老保险覆盖率很高，而农村老年人的覆盖率远不到指标，由于只有少部分的农民购买了养老保险，其覆盖范围极为有限，导致大部分没有养老保险的农民一旦将土地经营权流转出去，就意味着丢失自己最基本的生活保障。此外，绝大多数的农民工、乡镇企业工人和农民却几乎与社会保障制度无缘，这样，农民一旦丧失了劳动能力，就无法从社会保障机制中获得生存上的保障，农地自然就负担起农民的各项社会保障功能，因此农户对土地具有较强的依赖性，从而导致农村

土地经营权流转遭遇瓶颈。

第二，农村医疗保障水平和最低生活保障制度的影响。当前虽然大部分农民都购买了农村医疗保险，但是农村医保主要针对的是大病医疗，而普通疾病就医报销比例极为有限，加之部分辅助治疗不在报销范围内，农民就医困难的问题并未得到真正解决。对于农村最低生活保障制度的实施，按照规定，只有生活确实困难、收入无门的农民才能够获得低保资格。但是由于当前农村最低生活保障制度的不完善，使得制度执行过程中出现了偏差，甚至违规的现象，一些生活确实困难的农民得不到政府救济，只能凭借承包的土地艰难地生存，一旦土地经营权流转出去，他们更加失去了生活的依靠。

第三，不合理的城乡二元结构因素的影响。由于农村土地资源紧张、农村劳动力就业门路狭窄，对土地进行平均分配是土地发挥农民的社会保障功能的福利手段，这与建立农村土地承包经营权流转机制，要求把农村土地作为单纯的生产要素和经济要素，以效率为标准优化配置农地资源相违背。除客观因素外，究其深层原因，主要是由于不合理的城乡二元结构导致的社会福利和保障机制缺失和不公平，未惠及全体农民。

第四，农民就业方式单一且缺乏失业保障的影响。当前农民就业主要为外出打工、做零工、种地等，就业方式较为单一，一旦将土地经营权流转出去，就业的渠道则变得更加狭窄，生活变得更加困难。

（4）法律法规以及政府的监督管理对农地经营权流转的影响。

从保障农民合法权益来说，政府部门的监督和管理以及政府颁布的法律和法规是最根本、最有效的举措，科学合理的法律法规以及严格的监督和管理可以在很大程度上促进其土地经营权流转的不断发展。但是从目前来说，关于土地经营权流转方面的法律和法规还不健全，其现有政策和规定在执行的过程中也缺乏相应的监督和管理，这在很大程度上阻碍了农村土地经营权流转的健康发展，不利于农村的和谐稳定及其经济的不断发展。

第一，农村土地产权缺乏法律保障。农村土地产权的不稳定主要表现在农村土地的频繁调整造成农地产权受让方的不稳定性，农地产权缺乏有效的制度保障。农村土地产权的不稳定性对农地流转的影响主要体现在以下方面。当土地调整频率较高时，土地经营权可能就会经常变动，这必然会给土地经营权流转带来不确定性，增加土地经营权流转的成本，不利于提高农民进行农地流转的积极性。每次土地调整都意味着他们将失去部分土地，会降低农民对土地的中长期投资，从而不利于农村土地经营权流转市场的形成。

第二，法律监督机制薄弱。目前，集体土地承包经营权流转尚缺乏权威的法律依据，对农地流转双方当事人的权利与义务、利益分配与保护、农地流转的形式、农地流转合同的签订、农村土地经营权流转的市场准入机制等都缺乏明确具体的法律依据。在市场经济条件下，农村土地承包经营权流转必须贯彻土地规划制度，对进入流转市场的土地用途、面积、价格等进行严格的控制，同时，加强行政执法监督尤为重要。

4.2.3　内部环境（微观角度）影响因素

（1）土地的供给和需求对土地经营权流转的影响。

如果从土地供给方面分析土地经营权流转市场发展缓慢的原因，农户兼业的存在可能会影响土地的供给，从而影响土地经营权流转。

首先，供给方面的阻力因素。如果没有农业动力的大量转移，农村土地制度的任何调整与变革都无法改变农村人地比例关系严重紧张的矛盾。从现实情况看，庞大的农村劳动力数量、低下的农业劳动力素质、严重的城市就业压力、畸形的产业结构，以及传统的意识和观念等，是制约农业劳动力转移的影响因素。因此，农村土地承包经营权流转之所以发展缓慢，其重要原因在于缺乏大量的非农业就业机会。很多农民既不愿意多种田，也不愿意不种田，视土地为最后退路。一些在当地从事非农产业的农户即使具备了流转土地的条件，他们中的大多数仍不愿意放弃，利用空闲时间就完成农业生产，这严重阻碍了农村土地经营权流转的供给。

其次，需求方面的阻碍因素。农村土地地租（使用价格）的确定，关键在于社会劳动总量的多少，即农业生产能够在多大程度上转变为商品生产，而与农村土地的所有者无关。同时，由于在农业生产过程中，资本家扮演执行者的角色，对资本如何分配掌握决定权。大力培育新型农业经营主体，成为现代化农业生产的执行者，是农村经济这块"蛋糕"能够做多大的关键所在。不过目前就农地流转的实际情况来看，农地承包经营权的转让主要还是在农民集体之间小范围进行，粗放的经营方式难以达到土地规模化、集约化、标准化的要求。同时，因为是有偿转让，村集体内部人员除了少数进行规模化经营外，很难找到有经济实力的人接受土地转让，而外部有实力的经营主体却由于集体成员转让资格被限制门外（《农村土地承包法》明确规定，如果社员将经营权流转给村集体之外的单位和个人，须经本村集体2/3以上村民或村民代表同意，且须经过村委会和乡政府的批准，一定程度上其实是限制了向村集体之外的经营主体转让），导致新型农业经营主体激励不足，抑制了土地经营权流转。

（2）经济发展水平对土地经营权流转的影响。

地区的经济发展水平与农地流转行为之间密切相关。一般认为地区经济发展程度是农地流转的重要影响因素，其中主要因素是非农收入水平影响农户农地的流转行为。在经济欠发达地区，农户对农地的依赖性较高，抑制农户转出土地的意愿；在第二、第三产业发达的地区，土地的流转率高，且发展水平较高的地区与发展水平欠缺的地方农户的流转情况存在较大差别。为了引导农户更好地进行流转，应加快第二、第三产业的发展。

（3）农户个人及家庭资源禀赋的因素对土地经营权流转的影响。

在农户个人及家庭资源禀赋的因素对土地经营权流转的影响中，可以分为农户个人、家庭情况和资源禀赋三部分来分析其对农地流转的影响（见图4-4）。

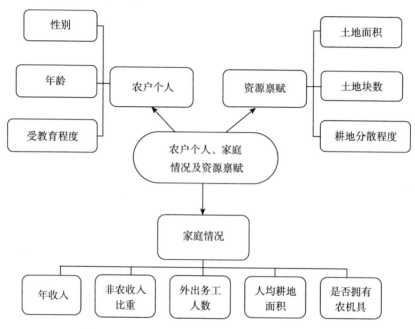

图4-4　农户个人、家庭情况及资源禀赋对农地经营权流转的影响因素

第一，在土地经营权流转的过程中，农民是主体，因此在土地经营权流转意愿方面，个人的基本情况是最主要因素。然而，农民的个人因素包括很多，其中主要有农民的性别、年龄、受教育程度，农民的综合素质，农民的家庭收入，未成年的子女数量，家庭的消费支出，以及家庭的生存发展方式等。户主年龄越大，受教育程度越低，越是以农业为主，对于农业生产有很强的偏好，就越不愿意放弃农业生产。反之，对农业生产依赖心理就弱，流转土地的可能性就高。

①户主的性别。一般在家庭的重大问题决策上，多为户主有较大的发言权，在参与土地经营权流转的农户当中，也多为户主与企业签署流转合同。我国绝大部分典型的农村家庭，男性在家庭中具有较高的权威，或者在某些事情的抉择上具有决定性的作用。

②户主的年龄。一方面，农业生产活动需要劳动力付出劳动，年龄越大的户主体力越差，生产效益就越低，从转出土地的意愿越强。另一方面，土地作为一种保障，年龄大的户主出于规避风险的需要，从而不愿意参与土地经营权流转。

③户主受教育程度。一般而言，受教育程度越高的户主，学习新知识与掌握新劳动技能越多，获得非农性质工作的机会就越大。同理，户主受教育程度越高，具备农业规模化经营和现代化生产能力的可能性也就越高，参与土地经营权流转的可能性也就越高。

第二，从农户的家庭情况角度出发，考虑影响农户土地经营权流转的因素，主要包括家庭年收入、家庭非农收入比重、家庭外出务工人数、家庭人均耕地面积以及家庭是否拥有农机具，从这五个方面入手了解农户的家庭情况，找出对农户土地经营权流转的影响因素。

① 家庭年收入。家庭年收入越高，则对土地的依赖程度越低，参与土地经营权流转的可能性越高。反之，收入越低的家庭，通过农业生产保障基本收入的概率越大，从而更倾向于选择不参与土地经营权流转。

② 家庭非农收入比重。非农收入占家庭总收入比重的大小能够反映农户家庭收入的来源结构，其比重越高，家庭获得的非农业收入就越多，选择从事非农业工作的概率越高，参与土地经营权流转的意愿就会加强。

③ 家庭外出务工人数。一方面，我国大部分地区的农业生产仍属于密集型农业，如果存在劳动力外出务工的情况，农户就会在农业生产活动中缺乏必要的劳动力，生产的预期效益也会下降。另一方面，如果放弃外出务工，其从

事务农付出的机会成本也会随之提高。所以，家庭如果有劳动力外出务工，其参与土地经营权流转的可能性就更大。

④ 家庭人均耕地面积。农户会在农业经营所得和家庭劳动力非农机会收入之间进行选择，选择的临界点就是土地数量的阈值。土地数量的阈值是土地生产经营所得相当于外出务工收入时的土地规模。一方面，在初始土地拥有量足够的情况下，农户从事农业生产的意愿就高。另一方面，农村人多地少，大部分农户处于家庭小规模生产经营状态，农业生产获得的效益比外出务工收益低，传统精耕细作的种植模式也会耗费巨大的人力成本。因此人均耕地少的农户，为了获得外出务工的收益，会更多地选择参与土地经营权流转。

⑤ 家庭是否拥有农机具。拥有农机具的农户，在农业生产中可以有效替代人力，降低生产成本，获得更高的生产效率和收益，从而参与土地经营权流转获得规模效益的意愿就强。

第三，资源禀赋主要包括农户家庭拥有的承包土地的面积、土地块数以及耕地的分散程度。从这三个的角度思考农户转入土地与转出土地的原因，当家庭农地资源禀赋较低时，随着农地的增加，农户转出农地的概率增加；当家庭农地禀赋较高时，随着农地的增加，农户转出农地的概率下降。例如：农户家庭承包的田地面积（规模）较小，并且比较分散，这样就不便于农户进行农业器械、劳动力的转移，这种损失不可避免地要由农户自身承担。如果损耗严重，将导致农户考虑是否要继续种田。

通过上述分析可知，本节首先论述了农地经营权流转的必要性，然后对农村土地经营权流转的影响因素予以阐述，指出其取决于外部环境（宏观角度）因素、内部环境（微观角度）因素的共同作用。从影响农户经营权流转的因素来看，外部环境如社会保障制度和是否有土地经营权流转中介组织都是重要的影响因素，农户的特征变量、非农收入占家庭总收入的比重、户主的年龄、受教育水平等仍然是影响农户经营权流转的重要因素。由此得出结论：政府对农村土地承包经营权流转的宏观调控力度不够，没能充分利用经济手段（如土地收益、土地价格机制）、行政手段（如土地行政审批等）和法律手段（如土地立法、土地规划等）。正是由于有关农村土地经营权流转的法律监督机制还很薄弱，存在无法可依、有法不依、有法乱依等现象，主要表现为体制不健全、渠道不畅通、标准不明确。同时，也未按照农村土地配置的宏观效益对土地经营权流转的形式、面积、期限、用途以及地价水平进行调节和制约，从而导致现行农村土地经营权流转的宏观调控机制失灵，未能形成与市场机制相协调的农村土地经营权流转机制。

4.3 农村土地经营权流转去向行为分析

农村土地经营权流转去向分为流出行为和流入行为，本节将对这两种行为所产生的原因进行分析，农村土地经济权流转去向行为分析见图4-5。

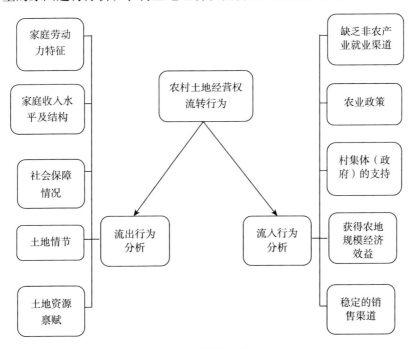

图4-5 农村土地经营权流转去向行为分析

4.3.1 农村土地经营权流出行为分析

家庭联产承包责任制实施以来，确立了农户自主经营的市场主体地位。作为独立的经济主体，农户是理性行为者，追求农地效用最大化是农户的必然选择。农地的效用表现在基本生活保障、养老保障、劳动力就业、收入增加等方面。在传统农区，一方面，农地效用取决于农地收益，即如果农户流出农地获取的收益大于自己经营农地的收益，则农户愿意流出农地以获取更大的收益；反之亦然。另一方面，农地效用取决于土地对当地农民的重要性有多大，这是由农户的情感、文化、信仰等决定的。本节将家庭劳动力特征、家庭收入水平及结构、社会保障情况、土地情结、土地资源禀赋作为影响农户流出土地行为的主要因素。

第一，家庭劳动力特征。包括家庭劳动力数量和就业结构。大量研究表明，关于家庭劳动力对农户流出土地行为的影响具有不确定性，要具体情况具体分析。一方面，家庭劳动力多，劳动力资源丰富，可能更加愿意流入土地扩大规模。另一方面，如果多数家庭劳动力从事非农就业，则流出土地的可能性更大。

第二，家庭收入水平及结构。家庭收入水平的高低和农业收入与非农收入在收入结构中的占比直接反映了土地对于提高家庭收入的重要性。传统农区农业效益低，高收入家庭的主要来源应该是非农收入，农业收入比重低，农户对农地的依赖小，有利于农户流出土地，并且城镇化步伐较慢，加之农民知识水平低、自身技能差，非农就业机会较少，大部分农民仍要从事农业生产，无法从土地上解放出来，流出土地意愿小。在发达农区，农业收入在家庭收入中的比重大，农户对土地的依赖性就强，流出土地的意愿就较弱，除非获得较高的经济补偿。而在城市郊区，农民大量从事非农产业，并且农民收入普遍较高，对土地的依赖性较小，流出土地的意愿较高。

第三，社会保障情况。土地不仅是最基本的生产资料，也是重要的社会保障资料。随着农村社会保障体系的不断健全，包括养老保险、农村合作医疗、农村最低生活保障在内的各项保障制度不断完善。在传统农区，除了多数农户享有农村合作医疗保险外，养老保险和最低生活保障覆盖面甚小。土地的社会保障功能依然很强，农户对土地依赖性强，流出土地的可能性小。在发达农区和城市郊区，社会保障水平较高，土地的社会保障功能较弱。

第四，土地情结。行为经济学理论认为，社会、认知与情感等因素对个人及团体形成经济决策有重要影响。同样，农户的土地情结对农户流出农地的行为产生影响。一般情况下，土地情结越重，农户对土地的情感依赖越强，越不愿意流出土地；反之，越愿意流出土地。

第五，土地资源禀赋。农户所承包的土地面积对农户流出土地行为产生一定的影响。农户所承包的土地面积越大，开展规模经营的条件越充足，越不倾向于流出土地；而如果将土地流出后的收益更高，农户就可能将土地经营权流转出去。

4.3.2　农村土地经营权流入行为分析

对于农村土地经营权流入的行为，本节将从有多余的劳动力、获得农地规模经营效益、缺乏非农产业就业渠道、农业政策利好、村集体（政府）支持、自己的产品有稳定的销售渠道等方面开展农村土地经营权流入行为的分析。

第一，缺乏非农产业的就业渠道。由于市场上缺乏非农产业的就业渠道，市场就业信息不流畅，导致进城务工的打工者找不到工作，他们不得不回到农村务农，由于其没有土地或已将土地经营权流转出去，这便需要其进行流入土地的行为。

第二，农业政策利好，市场前景广阔，土地预期收益明确，使得农户看好未来的发展景象，对预期收益更加明确，从而使得农户愿意转入土地。加之国家政策扶持，鼓励农户开展多种形式的适度规模经营，并引导村集体或土地经营权流转合作社集中农户土地进行统一流转，既能提高农户土地转入的积极性，也能提升土地经营权流转的效率。

第三，村集体（政府）的支持。在大政策环境下，政府支持引导农村土地经营权流转，建立市、县、镇（村）三级的土地经营权流转合作社，为农地经营权的流转提供服务；村集体在农地流转过程中起着至关重要的作用，对农户或企业引入土地的行为进行奖励，以促使农地经营权流转效率的提高。

第四，获得农地规模经济效益。随着农村经济的不断发展，出现了许多的种植大户、企业和专业合作社等。土地集中，有利于规模经营、机械化生产等，最终获得农地规模经济效益，从而促进农地经营权流转。如流入土地的农户主要经营的都是经济作物，包括蔬菜、水果、油料作物等，因为考虑到种植粮食作物等成本高、收益低，尽管国家给予粮食补贴等相关优惠，仍然不及种植经济作物带来的收益，所以大部分转入土地的农户都选择种植经济作物。

第五，产品有稳定的销售渠道。有些农户与公司签订了利益联结合同，自己的产品可以实现农超对接，不用担心自己产品的销售问题，只需生产符合买家需求的高质量产品即可，销售渠道的打通使农户、生产大户或企业对未来收入有较好预期。

4.4 农村土地经营权的流转模式和运行机制

农地流转模式是农地流转的形式，农地流转和农地流转模式更是内容与形式的关系，对农地流转模式的分类研究，可以更深刻地理解农地流转，可以全面认识到农地流转模式的特点和存在的问题。本节依据农地流转的不同经营主体类型，将农地流转模式概括为三类，即自发的私下流转模式、政府主导的集中流转模式和市场推动的中介流转模式。

4.4.1　自发私下流转模式

农户自发私下流转是当前农地承包经营权流转最常见的形式。在农户自发私下流转情况下，农地承包经营权流出方主要是具有农村经济组织成员资格，但从事非农产业且收入较高者，如个体工商户、私营企业主、乡镇企业管理者、外出务工且工作稳定者；农地承包经营权的流入方一般是农村的"政治精英"和"文化精英"，主要包括乡镇干部、村委会干部、生产队长、乡村教师等。在多数情况下，农户自发私下流转模式以血缘和地缘式的农地承包经营权流转为基本特征。流转方式主要为转包、转让等。流转的规模小、期限短。由于是农户自发流转，流转价格、面积、期限等内容大多是农户之间口头协议的，没有签订正式的流转合同，这就比较容易产生纠纷。自发私下流转模式见图4-6。

图4-6　自发私下流转模式

4.4.2　政府主导的集中流转模式

（1）政府主导集中流转模式的外部环境。

一是经济发达，已初步形成"以城带乡、以工促农"的城乡一体化发展机制，为农地承包经营权流转创造了优越的环境。具体体现为农业组织化程度高、农民创业劲头足、社会保障体系完善。

二是积极发展农村经济合作组织，例如，创建新建村级农业园区、农村土地股份合作社、富民合作社、农民专业合作经济组织等服务机构，为农村土地经营权流转及时发布农户的土地经营权流转需求信息，充分满足当地农户对土地经营权流转服务的需求。

三是主动实施收入倍增计划，鼓励农民就业创业，政府发放财政资金用于鼓励农民就业创业，使农村劳动力达到充分就业的指标。

四是不断提高城乡居民最低生活保障水平。

（2）政府主导集中流转模式的内涵和特点。

农地承包经营权流转以政府为主导，进行集中流转，政府在农地承包经营权流转中扮演了主角。在政府统一管理框架下，村集体创办农业服务企业作为村委会的代理人，由农户将自己的经营权交给农业服务企业，由农业服务企业统一经营集中后的土地。农业服务企业将经营权一部分出租给村办企业或外来企业作为厂矿用地，其余的经营权再租给本集体愿意从事农业生产经营的农民。农业服务企业最后对经营权的出租收益进行分配，一部分用于村庄建设、村办学校、养老金，其余的按照农户经营权的面积分给农民。经营权流出方为本集体经济组织的成员，在被调查地区的大部分村庄，村集体的所有农户都参加了流转；经营权的流入方一般为外来工业企业、村办企业和本村的种粮大户，交通便利的土地经营权给企业用，交通不便利的就继续作为农业生产用地。政府主导集中流转模式的特点体现在以下方面。

第一，政府建立完善的组织机构和政策法规。积极推进农村土地经营权流转工作，从健全指导政策、完善组织体系、实施业务培训、搞好试点示范四个方面全面实施。成立土地经营管理领导小组、土地股份合作制领导改革小组，所有镇和涉农街道都建立农村土地经营权流转服务中心，并且涉及农业生产的村庄也都建立农村土地经营权流转服务站。对农地流转的指导原则、方式、流转价格和程序、流转纠纷的处理等作出明确规定，并且针对入股、转让、转包等具体形式制定了规范的流转合同文本。

第二，职能部门加强对土地经营权流转程序的严格管理。首先，严格控制流转程序。一方面要依照依法、自愿、有偿的原则，必须签订流转合同；另一方面，在签订流转合同前，发包方、农服中心和土地经营权流转服务中心，必须对受让方资格进行审核，以避免因流转产生的矛盾纠纷。其次，规范流转合同。采用统一印制的合同范本，认同内容必须载明流转各主体的权利义务，流转合同必须在发包方和土地经营权流转服务中心备案。再次，加强档案管理。土地经营权流转服务机构负责汇总、统计、分析各种农地流转资料。同时，不断完善土地经营权流转价格机制，规定农地流转价格制定时要充分考虑和评估区位因素、作物品种、粮价和物价指数等。

第三，积极开展农村集体土地确权工作。一要明确登记发证范围；二要明确权利主体身份；三要明确权利变更登记方式；四要绘制土地分布资料，推进"一张图"工程；五要建立农村土地确权登记月报制度。

第四，多元联动创新流转模式。现代农业博览园，开展郁金香、菊花等高效农业的快速发展，为推动农地承包经营权流转提供了优越的条件。在现代农业产业化经营的进程中，以出租、转让、入股等多种形式流转农地承包经营权为主，出现了现代农业园区带动型、结构调整拉动型、市场主体推动型和社会服务促进型的农地流转形式，引导种粮大户、农业现代化园区、农业企业广泛参与，进而又推动现代农业规模化、集约化、高效化发展，形成一个良性互动产业链。

（3）政府主导的集中流转模式。

政府行为主体指县、乡（镇）政府。其中，村委会、村民小组和村集体经济组织在土地经营权流转过程中起着组织协调的作用。农地流转的转出主体为本集体经济组织的成员，在大部分村庄，村集体的所有农户都参加了流转；经营权的流入方一般为具有一定经营能力的农业经营大户、用地企业等，村集体、土地合作社起到类似中介的作用；交通便利的农地经营权给企业用，交通不便利的就继续作为农业生产用地。农地流转后，经营主体是一定规模经营的种植大户或家庭农场。土地经营权流转的渠道有以下几种。

第一，土地经营权流转市场尚未建立，村集体将土地成片集中之后与转入主体签订合同或协议，将土地经营权流转给农业大户。具体的流转步骤如下：

①土地集中。村集体、土地合作社将农户承包的土地成片集中起来。

②协议流转。村集体、土地合作社代表农户与流入主体签订合同或协议，将土地经营权流转给用地企业、经营大户等流入主体。

③收益支付。流入主体农业大户将流转收益，包括租金和"工作经费"统一支付给村集体，村集体在扣除"工作经费"之后，将租金支付给农户。

土地经营权流转市场尚未建立下政府主导的集中流转模式步骤见图4-7。

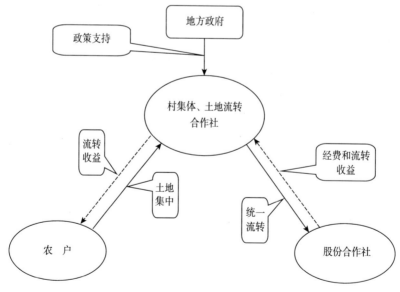

图4-7　土地经营权流转市场尚未建立下政府主导的集中流转模式

土地经营权流转市场尚未建立下政府主导的集中流转模式的特征：一是土地经营权流转市场尚未建立，缺乏信息发布平台，各种配套机构尚未建立，县、乡（镇）等基层政府职责不明确。农户土地信息发布费用和用地主体信息收集选择费用较高，他们之间的价格协商、合同鉴定费用很高。二是政府对村集体的支持力度很小，对农户以及流入主体几乎没有资金支持，土地经营权流转困难。

第二，土地经营权流转有形和无形市场已经建立，在政府的主导下，农村土地经营权流转的具体步骤如下：

①土地挂牌。村集体组织、协调农户将土地成片集中之后，把土地信息提供到土地经营权流转市场，由土地经营权流转市场公开挂牌转让。

②协议流转。村集体组织农户与流入主体签订合同或协议，将土地经营权流转给用地企业、经营大户等流入主体，流入主体将租金支付给农户。

③政府奖励。当地政府出台农村土地承包经营权流转的激励政策，给村集体和流入主体以适当的奖励。这种模式的流转方式主要为出租。流转价格、面积、期限都是通过合同或协议确定的，比较规范。由于农地集中流转给农业大户，不仅形成了一定的农业经营规模，还可以很好地提高农民收入。（见图4-8）

土地经营权流转市场建立下政府主导的集中流转模式的特征：一是建立健全了土地承包经营权流转市场。在这种模式中，土地承包经营权流转有形市场与无形市场建设已经取得了一定的成效，农户土地信息发布费用、用地主体信息收集选择费用可以忽略不计，他们之间的价格协商、合同签订费用也很低。二是政府财政奖励流出农户、村集体和需求主体，土地经营权流转在政府的支持和引导下有序开展。

第三，农地流转后，经营主体是企业或公司，农户可以成为企业或公司的雇工。土地经营权流转的渠道也有两种：一是土地经营权流转市场尚未建立，村集体将土地成片集中之后与转入主体签订合同或协议，将土地经营权流转给企业或公司；二是土地经营权流转有形和无形市场已经建立，土地经营权流转信息发布，农户自发将土地集中，委派代表与转入方签订合同或协议，将农地流转给企业或公司，村集体在流转过程中起到组织协调的作用。这种模式的流转方式主要为出租、入股等。这种模式的流转效率比较高，具有规模效应（见图4-9）。

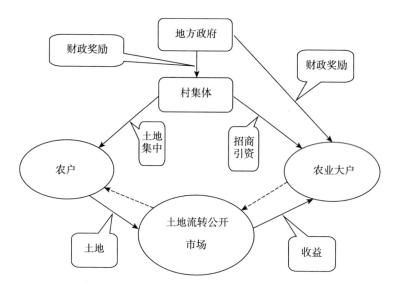

图4-8 土地经营权流转市场建立下政府主导的集中流转模式

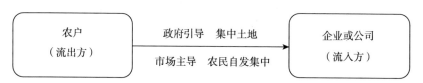

图4-9 政府主导的集中流转模式

4.4.3　市场推动的中介流转模式

（1）中介流转模式的外部环境。

农地承包经营权流转组织模式以市场推动的中介流转为主，常见的有土地经营权流转合作社、土地银行、土地信托等。这是由其特定的外部环境和发展基础决定的。主要表现为以下方面：

一是农村人多地少，人均耕地面积较大，在对节水灌溉等农业先进技术和农业机械广泛应用的背景下，运用先进农业技术和现代新型机械需要通过规模化经营来实现高投入下的高产出，因此，规模化经营需求旺盛，尤其是乡村精英对农地承包经营权的需求增大。

二是随着大量农业劳动力进城务工，尤其是多数青壮年的外出，造成土地撂荒，农户间自发的代耕代种行为持续了很长时间，土地纠纷时常发生。同时，随着农业生产力的不断提高，一方面，细碎、不集中的土地已无法满足种田能手的需要；另一方面，留乡种田的中老年劳动力也无力对农业生产进行必要的投资，农业效益低下，在这样的现实环境下，土地的需求与供给趋向于均衡动态发展。

三是涌现出大批外来种粮大户，期望通过投资蔬菜、苗圃、枸杞、向日葵等特种种植生产，获得较高的经济效益，对农地承包经营权的需求很大。

四是在由农业大区向农业强区转变过程中取得了突破，坚持以发展现代农业为首要任务，并把发展设施农业作为推进现代农业的突破口。

（2）市场推动的中介流转模式。

在市场推动的中介流转模式参与主体中，农地流转的转出方是农户，转入主体是土地股份合作社或专业合作社等。农地流转后的经营主体是土地股份合作社或专业合作社。土地经营权流转的渠道有以下两种。

第一，通过入股形式流转土地，这种渠道又有两种形式：

①政府引导村集体兴办土地股份合作社，将农民的土地入股集中，然后与

农产品加工企业或专业合作社联合经营，或是将入股的土地按需要集中连片，规划布局，由土地股份合作社统一经营，在获得收益后股份合作社向农户分红。市场推动的中介流转模式见图4-10。

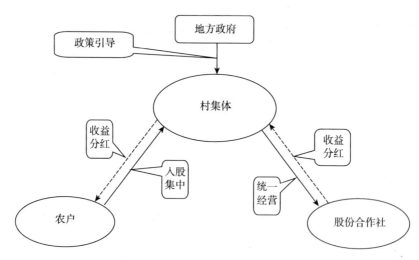

图4-10　市场推动的中介流转模式

市场推动的中介流转模式的特征：一是土地经营权流转市场初步建立，交易平台逐渐完善；二是政府为需求主体流转土地提供政策支持引导，特别是鼓励村集体兴办股份合作社，将农民的农地入股经营，土地集中比较困难，最终实现共赢。

②农户自发组建土地股份合作社，将土地入股，然后与农产品加工企业或专业合作社联合经营，或是由土地股份合作社自己经营（见图4-11）。

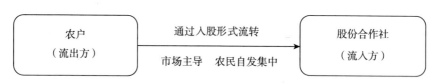

图4-11　农户自发组建土地股份合作社

第二，未通过入股形式流转土地，即专业合作社转入农民的土地，由合作社统一经营。村集体在流转过程中起组织协调作用，农户可以在转出的耕地上进行打工。这种模式无论是在流转效率还是在经营效益上都具有一定优势（见图4-12）。

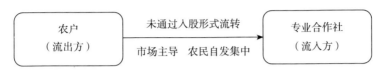

图4-12　市场推动的中介流转模式

4.4.4　三种流转模式分析

前文概括了三种农地流转模式，包含流转双方、流转之后土地的经营主体、流转土地来源或集中形式、市场或政府主导，以及是否形成规模流转等内容。自发私下流转的土地是农户自有且未集中，而其他两种模式流转的土地都进行了一定程度的集中，而且形成了一定的规模流转。（见表4-2）

表4-2　农地流转模式及其特点

流转模式	流出方	流入放	经营主体	流转土地来源或集中形式	市场或政府主导	是否形成规模流转
自发的私下流转	农户	农户	农户	农户自有、未集中	低级市场	否
政府主导的集中流转	农户	农业大户	农业大户	集体集中	政府主导	是
				农户自发集中	市场主导、政府引导	
	农户	企业或公司	企业或公司	集体集中	政府主导	是
				农户自发集中	市场主导、政府引导	
市场推动的中介流转	农户	股份合作社	股份合作社	集体集中	政府主导	是
	农户	专业合作社	专业合作社	农户自发集中	市场主导、政府引导	是

（1）流转参与者的权利义务。

第一，农户自发的私下流转，农地承包经营权流出方一般为个体工商户、私营企业主、乡镇企业管理者、外出务工且工作稳定者；承包经营权流出主体主要是具有农村经济组织成员资格，但从事非农产业且收入较高者。流转双方一般是以农村社区的地缘和亲情为桥梁联系在一起的，承包经营权流出方有权决定是否将自己的经营权流转，以及流转给谁，但是必须履行将流转合同上报农村经济组织备案的义务，并且与发包方的权利义务关系不变。承包经营权流入主体，有经营和利用经营权的权利，但是不得改变经营权的农业用途。流转双方可以自行商议流转期限和流转价格。

第二，政府主导的集中流转，政府在农地承包经营权流转中扮演了主角。农地承包经营权流出方把土地委托给基层政府或者村民委员会进行统一管理，村民委员会与想要从事大规模农业经营的农户或者外来农业企业签订流转合同，促成流转。农户为农地流转的委托人，基层组织则是代理人，农业企业和种粮大户农地使用者为最终代理人。村民委员会主要向流出方和流入方提供信息，并对经营权的出租收益进行合理分配，流出方有从村委会得到信息和得到流转报酬的权利，经营权的使用方有遵守法律法规合理使用土地的义务。

第三，市场推动的中介流转，常见的有土地经营权流转合作社、土地银行、土地信托等。中介组织在流转中起到关键作用，这些中介组织，一方面与农户签订流转合同，将农户的经营权集中；另一方面又与农业企业和种粮大户协商，将集中起来的经营权流转给农业企业和种粮大户。在这种流转模式下，农户有流出经营权和得到土地报酬的权利，农业企业和种粮大户有合理使用经营权和付出土地报酬的义务，中介组织向双方提供交易信息，促使交易完成。此外，也有农业企业只提供资金和技术，但享有土地收益的情况。在这种情况下，农业企业还承担提供资金和技术支持的义务。

（2）流转的规范性。

第一，农户自发的私下流转，由于农户之间的流转是自发性的，并且是在熟人和亲戚之间流转，大多以口头约定为主，没有书面合同，并且对双方的权利义务的约定不明确或者没有。此外，流转年限一般是2~5年，并且很多是以代耕代种为主的。因此，流转双方规范性较差，容易就流转价格、流转期限等问题产生纠纷。

第二，政府主导的集中流转，一般是村民委员会组织流转合同的签订。理论上，村民委员会只是农民的代言人，但在实际操作中，由于基层民主制度的弊端，村民委员会的领导有可能出于自身利益的考量，在农地流转过程中发生"寻租"行为，或者霸占流转收益，或者在上级政府流转任务的压力下强迫农民流转经营权，因此，存在着侵犯农民权益的隐患。这种流转模式时限一般6~10年。

第三，市场推动的中介流转，农业企业或种粮大户通过中介组织与农户签订流转合同，相比前两种流转模式，这种流转模式的规范性最好。但在双方博弈过程中，流转双方的信息不对称，农业企业或种粮大户掌握更充分的交易信息，具有绝对占优的地位，而农户没有取得信息的途径，农业企业或种粮大户会在流转中得到更多的收益。此外，在流转合同运行过程中，有些条款可能不会完全得到执行，经常发生现违约现象。这种模式流转期限一般为10~20年。

（3）流转的成本与收益。

第一，农户自发的私下流转，以口头协议为主，交易成本很低，在熟人和亲戚之间进行流转，双方并非以经济利益最大化为目标。因此，承包经营权流转的价格一般很低，或者价格为零，土地流出方所得到的土地收益很低，而土地流入方的农地规模也偏小，不能为土地规模经营创造条件。

第二，政府主导的集中流转，由于村民委员会中介作用的发挥，土地流出方和流入方能够实现有效对接，因此，大大降低了交易成本。另外，这种模式下一般流转价格高于农户自发私下流转的价格，土地流出农户得到了较多的土地收益。流入方一般是农业企业或者种粮大户，有从事大规模农业生产经营的资金和技术，能有效降低单位面积生产成本，实现规模经济效益。

第三，市场推动的中介流转，在此模式中，农业企业或者种粮大户一般不直接与单个的农户对接签订合同，而是通过中介组织与农户达成协议，交易成本一般很低，而流转价格一般比较高，农民可以得到较高的土地补偿，生活水平得到提高。农业企业还吸收农户以土地承包权入股，农民还可以取得一定的财产性收入。农业企业一般从事规模化和科技化生产经营，经济效益较高。

综上所述，农户自发的私下流转模式、政府主导的集中流转模式和市场推动的中介流转模式，是农地承包经营权流转的三个阶段，农户自发的私下流转模式是农地承包经营权流转的初级阶段，政府主导的集中流转模式是农地承包经营权流转的中级阶段，市场推动的中介流转模式是农地承包经营权流转的高级阶段。并且，农地承包经营权流转从起步到成熟必须经过这三个阶段。随着农业生产力的发展，农村土地经营权流转将由农户间自发流转向政府主导、市场运作转变，由偶然、随意的流转方式向规范化、合法化方向转变，从零碎流转向规模化流转转变，从短期流转向长期流转转变。

农户自发的私下流转模式、政府主导的集中流转模式和市场推动的中介流转模式，适应于不同区域的不同经济发展水平。农户自发的私下流转模式一般发生在当地经济社会发展水平较低、缺乏引领性强的龙头企业、交通不便和信息不畅的传统农业区。政府主导的集中流转模式一般适用于当地经济社会发展水平较高、村级集体组织能力较强的地区。市场推动的中介流转模式一般适用于重视农业科技发展和投入，农业发展水平高，农民组织化程度比较高、市场化程度相对发达的农区。

4.4.5 农村土地经营权流转的运行机制

（1）监督管理机制。

各级农村经管部门为各地农村土地经营权流转服务平台的监督管理部门，负责培育发展农村土地经营权流转服务平台，监督、指导其依法、规范、有效地开展土地经营权流转交易活动。主要从两个环节加强监管：一是前置监管，主要是对系统设置不得改变农业用途、流转年限不得超过承包剩余期限、流转最低保护价等刚性指标；二是设置流转用途、经营主体、流转价格和流转期限等柔性指标，由系统自动比对输入的流转合同意向信息，给出相应的审核结果提示，审核通过的可以自动生成打印合同文件并签约。否则，不予签约或待合同意向信息调整符合规定后签约。

（2）跟踪监管机制。

第一，通过对流转合同履行情况进行跟踪调查，由系统对调查取得的经营主体、流转用途、价格、期限等实际信息与流转合同信息进行比对审核，给出相应的结果提示，凡警示或警告的，由有关部门责成其限期整改。以上监管系统由红、黄、绿三色灯光显示。第二，初、复审机制。对于要求流转土地进行规模经营的受让方，乡（镇、街、场）土地经营权流转服务中心对其资质和项目（环保）的可行性要进行初审，初审合格后对流转规模较大的，上报区县土地经营权流转服务中心进行复审，复审合格后方能进入下一程序。

（3）价格指导机制。

区县级服务中心要根据当地的地理位置、生产条件、设施、经济发展状况等因素，分乡（镇、街、场）制定出土地经营权流转的基价（即当地的指导价），然后在此基础上，由"受""让"双方协商确定每亩流转的年度价格。

（4）纠纷调处机制。

因土地经营权流转发生纠纷的双方当事人可以通过协商解决，也可以请求村服务站、乡级服务中心调解解决。当事人不愿协商调解或者协商调解不成的，可以向区土地承包仲裁机构申请仲裁，也可以直接向人民法院起诉。

4.5 本章小结

本章对农村土地经营权流转的机制进行了研究，主要包括以下四部分。首先介绍了农村土地经营权流转的参与主体，对主体农户、管理主体政府和服务主体中介机构分别进行了分析；其次论述了农地流转的必要性和影响因素；再次解释了农户进行农地流转时选择去向的原因；最后阐述了农村土地经营权的流转模式和运行机制。通过本章的研究，笔者得出以下结论：一是通过对农村土地经营权流转机制的研究，明确了土地承包经营权流转主体。土地经营权流转的主体是农户，而各级政府及部门，包括村集体经济组织，都不是土地经营权流转主体，而是为流转服务的管理主体。中介机构则是农地流转的服务主体。二是农地流转的影响因素分外部环境（宏观角度）与内部环境（微观角度），前者主要包括稳定清晰的农地产权、完善的市场及农村的社会保障体系；后者主要包括土地的供给和需求、经济发展水平、农户个人及家庭资源禀赋的因素等。

5 农村土地经营权流转的博弈分析

在农地流转的过程中，由于农地产权不明晰以及农地流转的多重委托关系，导致了农地流转各方利益主体之间的博弈不可避免。本章利用博弈论对农地流转各利益主体之间的关系以及相互的博弈行为进行分析，从利益博弈的角度对当前农地流转利益冲突进行解释分析。

5.1 理论基础

5.1.1 博弈论

（1）定义。

博弈论又被称为对策论，既是现代数学的一个新分支，也是经济学家们进行经济研究的一种重要方法。作为一种系统理论，博弈论已经被广泛运用于经济学、管理学、统计学等学科的教学和实践中。

（2）基本要素。

博弈的基本要素包括参与者、策略、时序、收益、信息、结果和均衡。参与者指博弈中采取行动从而使效用最大化的决策主体，或者是个人，又或者是团体；策略是参与者采取行动的规则；时序是指规则规定的每一参与者决策的先后顺序；收益是指参与者所得到的效用；信息是指参与者决策时所根据的信息；结果是指参与者感兴趣的要素的集合；均衡是所有参与者的最优策略的组合。博弈论的理论模型的发展有利于研究利益关系方面的问题。在农村土地经营权流转过程中涉及诸多的利益主体，主要包括农户、农业经营者、村委会、地方政府等，为了使自身的利益最大化，这些利益主体会采取不同的策略。这些利益主体所采取的行动策略会相互作用，产生不一样的效用和冲突。

（3）研究假设。

博弈论假设，在博弈的过程中，每个博弈的参与方都是"理性人"，在作出最有利于自己的选择之前，都会去尽量了解别人的行动，也就是说，在己方"出招"前都会了解对方的"招数"，从而"见招拆招"，获取自身最大利益。但事情并非总如所愿，博弈的相关方也并非每次都能获取己方的最大利益，因为博弈分为零和博弈与非零和博弈。零和博弈又称为非合作博弈，指一方受益必然意味着另一方受损，博弈的最后结局为零。非零和博弈，又称为合作博弈，即每一方获得收益的前提是不使另一方利益受损，从而达到博弈结局的"帕累托最优"，也就是人们常说的"双赢"。

（4）博弈的类型。

博弈论主要分析博弈各方在彼此行动之间互相影响时所做出的各种抉择，以及这些抉择之间的均衡问题。在博弈论中，各个主体的效用不但取决于自己的决策，而且与其他利益主体的决策密切相关；每个人的最优选择是其他人决策的函数。按照博弈中各个主体对信息的拥有量可以把博弈分成以下类型。

根据参与者对信息的掌握程度，分为完全信息的博弈和不完全信息的博弈。如果在博弈的过程中，每个博弈主体对其他博弈主体在不同策略选择下的得益都全部了解，就是完全信息的博弈；反之，就是不完全信息的博弈。

根据博弈过程中的各主体的行动顺序可以将博弈分为静态博弈和动态博

弈。如果博弈各方同时行动，或者后行动者对先行动者选择的策略并不明了，即静态博弈；如果博弈各方的行动分先后顺序进行，并且后行动者可以知道先行动者采取的决策，即动态博弈。

根据所有参与者的得益情况，又有以下分类：若博弈无论在任何情况下所有参与者的得益之和都是零，则为零和博弈；若不都是零，则为非零和博弈。若都是一个常数，则为常和博弈；若不都是一个常数，则为非常和博弈。

5.1.2 博弈论引入的适用性

博弈论主要研究公式化了的激励结构间的相互作用。在不同的前提下，每个参与者应该在考虑到自身的行动决策对其他参与者可能产生的影响以及其他参与者的决策对自身的影响的基础上，做出最优决策，从而实现自身利益最大化。下面将从参与者、策略、收益和结果四个方面研究分析博弈论是否适用于农村土地经营权流转。

（1）参与者。

农村土地经营权流转的参与主体，即农地流出方（失地农户）、农地流入方（企业、经济组织、农业经营组织）、村委会及基层政府等都能够独立做出决策并承担作用结果，即存在参与者。

（2）策略。

从策略的角度来看，农村土地经营权流转的各个参与主体会根据外在及自身条件做出决策。同时，不同的参与者会作出不同的决策，且这些决策会影响其他参与者的决策，不同决策间存在相互作用。

（3）收益。

农村土地经营权流转的各个参与主体的利益着眼点不同，通过分析其他参与者的策略，从而作出自身的决策，实现自身利益最大化。

（4）结果。

在流转农村土地的过程中，各个参与者会在博弈中获得不同的结果，可能获得利润，也可能遭受损失。不同的结果会继续影响各个参与者接下来的博弈策略，从而继续影响各方的收益。

农村土地经营权流转利益主体之间的博弈可以看作一个非零和博弈的过程，博弈的研究方法同样适用。从宏观上看，土地问题历来是重大的社会政治问题。为了保持农村的稳定，提高农民生活水平，促进经济发展，在农村土地经营权流转过程中，必然会从更高的层面制定相关法律法规，制度设计也是利益博弈的结果。有些基层政府管辖的面积和人口都不亚于一个中小国家，利益交织必然复杂。正是因为地方政府在土地经营权流转中也存在利益关系，所以也需要从博弈角度分析其行动策略。从微观上看，在土地经营权流转过程中，主要涉及基层政府（县级以下政府）、村委会、农地流入方（企业、经济组织、农业经营单位）、农地流出方（失地农民）等利益主体。基层政府为了增加地方财政收入，官员追求政绩，往往会积极推进土地经营权流转。农民通常是土地的流出方，在有关土地利用方式的决策中话语权不足，在土地经营权流转利益博弈中处于弱势地位，他们往往为了争取更高的土地经营权流转价格和更好的就业机会而与其他参与方展开博弈。村委会在农地流转过程中同时承担着管理协调、中介服务与监督的责任，有的村干部可能利用自己的职位从农地流转中获取经济效益，通过与农地流入方合谋，压低农地流转价格，瓜分农民利益或者获取农地流入方的贿赂。农地流入方，一般是指企业、经济组织、承包农等。企业经营的目的就是花最少的成本，赚取最大的利润。为了获得更大的收益，必然要压低土地经营权流转价格，减少成本投入，降低经营风险。

农村土地的流转过程涉及多方利益主体，这些参与者存在不同的利益目标。本章将引用博弈论，对主要的利益相关者，即农地流出方、农地流入方、村委会和基层政府之间的博弈关系，构建博弈模型进行分析。

5.2　农地流转中各主体分析

土地经营权流转不同于其他商品的交易，是以土地承包经营权为商品进行使用权置换的一种交易行为。农村土地经营权流转过程中，存在很多的参与主体，各主体在流转过程中的任何决策，都或多或少会影响到土地经营权流转的进展。让各主体在实现自身利益的同时，又不至损害其他主体的利益，从而达到利益博弈上的均衡，这是政策制定者们必须回答的问题。本节把各参与方分为四类：农地流出方（失地农户）、农地流入方（企业、经济组织、农业经营组织）、村委会和基层政府。

（1）农地流出方。

土地是农民赖以生存和发展的保障，农民不仅可以通过经营土地来获取利益，还可以通过将土地进行流转来获得农地租金，如果出让土地意味着出让这种保障，对农民来讲这必然会面临巨大风险，唯有争取更多的利益才能缓解这种风险。相关法律也规定，农民拥有对家庭承包土地自主流转的权利。这不仅可以将农民从土地中解放出来，增加农民就业的渠道，也可以实现土地的规模经营，提高土地的利用率。农民通过农地流转获得的利益主要有两个部分，农地流转的租金和通过劳动力转移所获得的非农收入（即在第二、第三产业就业）。在农地流转的协商过程中，失地农民作为博弈主体，其在土地经营权流转过程中最大的愿望就是为自己争取更多的利益，最主要的就是尽可能获取更高的土地经营权流转价格来实现自身利益的最大化。

（2）农地流入方。

农地流入方即转让土地经营权的个人或集体，通常包括农户、农业企业、经济组织、种植大户和农业经营组织等。农地流入方通过农地流转将农地集中起来，不仅实现了农地的集约化经营和规模效应，获得经济利益，并且实现了农村土地使用权市场化配置，在很大程度上提高了农地的使用效率，为农民提供了更多的就业岗位，增加了农民收入，促进了农业现代化的发展。从广义上看，也给粮食安全提供了一定的保障。在博弈主体分析中，农地流入方往往是土地经营权流转的"积极作为方"，正是其强烈的流转愿望，才使得农村土地经营权流转成为可能。作为理性经济人，农地流入方有追求利益最大化的动机，为了节省流转成本，农地流入方会委托村集体或合作社来同农户进行谈判并且签订农地流转协议。一方面，他们会借助村集体或合作社组织的力量来压低农地流转价格，但由于农民对土地的过重依赖，导致土地经营权流转成本不可能太低，高成本带来的高风险客观上促使流入方也会谨慎选择有利的策略，从而获取更大利益。另一方面，目前农村土地经营权流转制度还不够完善。农村土地所有权主体模糊，土地产权制度不够明确，农地流转市场建设尚未完成，农地流转中介机构组织尚不健全，土地经营权的转出方和转入方之间信息不对称，农业经营组织可能会利用其在信息掌握方面的优势，跟农民签订不公平的农地流转合约。

（3）村委会。

村委会作为农村集体组织的代表，主要职能是宣传执行上级政府以及村民代表会议的决议，办理本村的公共事务和公益事业，实现村内的自我管理、自我服务、自我教育。20世纪80年代以来，土地制度规定农村土地所有权归村集体所有，土地经营权归农民所有。作为村集体组织的代表，村委会对集体所有的土地具有管理、调整、发包等权利。

在农地流转的过程中，村委会同时承担着管理协调、中介服务、监督的职能，对提高农地流转的发展效率发挥了重要的作用。因为农地流转不仅涉及农户承包的土地，往往还包括村集体所有的农地。农地流转中的转出方和转入方在农地使用过程中遇到的各种问题，以及农地流转中相关的农业基础设施的建设和维护，都需要依靠村委会来进行管理协调。作为连接农户和地方政府的纽带，村委会承担着为农民宣传普及国家各项政策的责任。因此在农地流转中，村委会也扮演着中介服务的角色。其在农地流转交易过程中弥补了农民信息匮乏，谈判能力较低的劣势，降低了农地流转谈判成本以及纠纷解决成本。

（4）基层政府。

为了明确各参与主体，以便能更好地建立博弈模型，本书把县镇级政府统一划为基层政府。在中国，虽然中央对国家的土地政策具有决定性的影响，但不可否认，直接进行国土管理的还是地方政府。

在农地经营权流转过程中，由于我国农地流转市场尚未完善，相关法律法规还不健全，"市场失灵"的现象常常发生，农地产权不明晰，流转市场中介缺失，流转价格机制失效，政府的介入对推动农地流转规范有序快速发展有着重要的作用。而基层政府就在农地流转过程中扮演着当地农地流转引导者，农地流转制度的实施规范者，以及流转中介平台的服务者的角色。为此，地方政府必须制定相关的具体法律法规，严格做好监管工作，完善土地经营权流转体制机制，让流入方和流出方的利益基本处于均衡的状态。由于农民在土地经营权流转过程中是绝对的弱势方，所以基层政府要切实做到以保障农民利益为出发点，坚决按照依法、自愿、有偿的原则对土地经营权流转进行合理的调控，促进土地的良性运转。

基层政府在农地流转中的行为动机主要是借由农地大规模流转，实现地方财政收入显著增长和任期内的政绩最优化。基层政府将农地流转作为其招商引资、增加地方财政收入的重要手段。通过大规模的农地流转，吸引企业进入当地进行规模经营，从而带动当地的经济发展，增加地方财政收入的同时，获取上级的财政补贴或者政绩表彰。不仅如此，农地流转也成为地方政府寻租的重要资本，可以为其带来隐性收益，政府可能压低农户出让农地经营权的价格，通过反租倒包，赚取差额。

5.3 农村土地经营权流转各主体的收益

（1）农地流出方收益。

农地流出方，即转让出土地经营权的农民。通过土地经营权流转，农民可以获得直接的转让金，进而改善自己的生活水平；同时也释放了剩余劳动力，剩余劳动力又转移到第二、第三产业上，获得一定的工资性收益。流转出土地之后，农民的总收益为直接的转让土地收益和间接的工资性收益。

（2）农地流入方收益。

企业经营就是为了盈利。流入方作为企业性质的参与主体，其获取土地经营权的目的就是赚取经营利润。首先，通过土地经营权流转，流入方获得了大量土地，并以此作为其经营的基础，具有巨大的潜在价值。其次，在拥有了大量土地经营权之后，流入方可以投资设厂，扩大经营规模，获取现实的利润。最后，流入方获得大量土地经营权，释放了农村剩余劳动力，解决了部分转移劳动力的就业问题，取得了一些社会声誉，获取了一定的社会效益。

（3）村委会收益。

村委会在推动农地流转的过程中主要目的是促进本村经济的发展，维护农民的切身利益。村委会所获得的利益主要有两个部分。第一，经济性收益，主要包括工资性收入和寻租性收入，但工资性收入较低，尤其是在不发达地区。第二，社会性收益，主要是指获得村民的尊重，树立自己的威信等。在社会性收益无法满足，工资性收入较低的情况下，村委会可能利用自己的职位从农地流转中寻租获取经济效益，通过与农地流入方合谋，压低农地流转价格，瓜分农民利益。

（4）基层政府收益。

对于政府来讲，通过良性的土地经营权流转，可以获得以下收益。第一，对于"三农"来说，可以提高农民生活水平，巩固农业基础性地位，促进农村社会进步。第二，土地的集约化发展，客观上释放了农村剩余劳动力，剩余劳动力不仅可以向第二产业转移，促进工业或城建发展，还可以有效促进第三产业的发展。第三，农民生活水平提高了，扣除其他因素的影响，农民的实际购买力增强，可以有效拉动内需，促进社会就业。"三农"涉及整个社会的发展进步，构成基层政府的收益。

5.4　各利益主体的博弈行为分析

5.4.1　农地流出方与农地流入方之间的博弈分析

（1）不完全信息静态博弈模型的基本假设。

在直接的农村土地经营权流转过程中，特别是在利益博弈的过程中，农地流出方、农地流入方、村委会以及基层政府获取信息的渠道并非统一的，所获取的信息资源以及方式也都是各不相同的，往往信息处于不对称的状态，且在行为的决策上是没有先后顺序的。由上述分析可以看出，农地流出方与农地流入方的博弈属于不完全信息静态博弈的相关假设。

①假设农地流出方用字母 A 表示，农地流入方用字母 B 表示，即农户 A 表示有流出农地意愿的农户，农户 B 表示有流入农地意愿的农户、种植大户、农业经营企业等。

②假设参与该博弈的农地流出方与农地流入方都是理性经济人，在土地经营权流转过程中双方均追求自身利益最大化。但由于两者所处位置的不同，导

致双方获得的流转信息不对称，农地流入方比流出方能够获得更多的流转信息。尽管农地流入方获取的资源较农地流出方的资源丰富，但双方在作决策时趋向于同步。

③假设在村委会、基层政府不直接参与的前提下，农地流出方和农地流入方是围绕土地转让租金的多少进行博弈，农地流出方希望获得更多的租金，以保障自己的收益；而农地流入方希望支付更少的转让金，以最低的成本来进行规模经营以获得最大的收益。

④假设农地流出方 A 在农村土地经营权流转过程中所获得的收益来自两部分，一是直接收益 M，即出让土地经营权获取的转让费用，包括出让金、租金，对于以入股方式转让的农户来说直接收益是指股利收益或者分红收益；二是间接收益 I_A，即解放剩余劳动力后的转移性收益，剩余劳动力转移到第二、第三产业，从而获得的工资性收入。当然，农地流出方出让土地必然会有损失，损失也包括两个方面，一个是流转交易的手续费用 S_A，另一个是失去土地后所失去的农作物收入 E。由于土地对农地流出方 A 和农地流入方 B 所具有的重要性是不同的，因此在进行博弈分析时引入了土地对农地流出方的重要性系数。我们在这里假设农地流出方通过从事农业生产所获取的收入与家庭年总收入的比重为 α，α 为土地对于农民的重要系数，$\alpha\in[0,1]$，当 $\alpha=0$ 的时候表明土地对于农民来说根本不重要，当 $\alpha=1$ 的时候表明农民无论什么原因都会流转土地。

⑤假设农地流入方 B 在农村土地经营权流转过程中的收益主要包括两个部分。第一部分是农地流入方获取土地后可以获得的预期收益 N；第二部分是当农地流入方成功获得土地后会在一定程度上解放农村的生产力，对农民收入的增加以及促使剩余劳动力向第二、第三产业转移作出一定的贡献，同时在一定程度上解决一部分就业问题，从而获得政府在政策上或者物质、精神上的一些奖励，这些奖励统称为间接收益 I_B。当然，农地流入方在获得收益的

同时也会付出一定的成本，要付出的成本主要由三个方面构成：一是流入方为了获得土地经营权而需要付出的土地经营权流转费用 F；二是农地在流转过程中产生的交易费用 S_B；三是所有支出用于投资其他项目的机会成本 T。在此如农地流出方一样，假设农地流入方对于土地的重要系数为农地流入方从土地上获得的实际收益占预期收益的比重为 β，β 的值越大，说明农地流入方在农村土地经营权流转过程中可以谋求的利润也就越大，此时农地流入方更加倾向于流入土地。

表5-1　符号及符号说明

符号	符号说明
M	流出方A的直接受益
I_A	流出方A的间接受益
S_A	流出A支付的交易费用
E	流出方A失去的农地收入
α	农地对流出方A的重要系数
N	流入方B的预期收益
I_B	流入方B的间接收益
F	流入方B支付的流转费用
S_B	流入方B支付的交易费用
T	流入方B的机会成本
β	农地对流入方B的重要系数

（2）博弈模型的建立。

首先，从农地流出方也就是失地农民的角度分析。由于失地农民相对来说处于信息劣势的地位，在土地经营权流转的过程中往往不能得到符合其预期的收益。为了满足预期收益，失地农民常常会在博弈构成中与农地流入方进行博弈。从以上的假设中可以推断，当重要系数 α 越高的时候，土地在农民心中的地位就越高，参与流转就意味着对农民来说承担更大的风险，参与流转的意愿就会越弱，农户所期望获得的交易费用就会越高，可以用 $\dfrac{M}{\alpha}$ 来表示农民所期望的交易费用。而在假设中的间接收益 I_A，就是农民参与流转后通过解放自己生产力而获取的工资性质的收益。同样，在得到收益的同时就会有舍弃，参与土地经营权流转后农户就会失去原本从事农业生产的收入 E，也要缴纳相应的交易费用 S_A。

在不考虑其他的因素影响下，农地流出方在土地经营权流转中的净收益为

$$Y_A = \frac{M}{\alpha} + I_A - S_A - E\frac{M}{\alpha} + I_A - S_A - E \qquad (5\text{-}1)$$

而且一般情况下 $\dfrac{M}{\alpha} + I_A - S_A - E > 0$（如 $\dfrac{M}{\alpha} + I_A - S_A - \mathrm{E} \leqslant 0$，那么农民就不会考虑将土地转出，也就是说不具备可操作性）。

其次，从农地流入方的成本角度分析。在市场机制完全运转且制度已经较为完善，而且政府在监管土地经营权流转过程方面所颁布的制度较为规范且政策实施到位的情况下，在土地经营权流转的过程中所产生的交易费用通常是固定的，均为 F。在流转过程中，农地流入方愿意支付的费用与农地流入方在获得土地时的预期收益是有相关性的。我们在上述的假设中已经进行了表述，农地流入方想要获取的土地对于农地流入方的重要系数为 β，那么 βF 就可以表示土地的流转费用。作为土地的农地流入方，在土地经营权流转中所获取的利润以及重要性可以直接表现出该土地对于农地流入方来说是否具有操作的可行性。在上述假设中表示，农地流入方的预期收益为 N，其重要系数为 β，因此农地流入方的实际收益可以表述为 βN。

在不考虑其他因素的情况下，农地流入方在获得土地后的净收益应该为

$$Y_B = \beta N + I_B - S_B - T - \beta F \qquad (5\text{-}2)$$

而且一般情况下 $\beta N + I_B + S_B - T - \beta F > 0$（如果 $\beta N + I_B - S_B - T - \beta F \leqslant 0$，

那么农地流入方不会考虑介入土地经营权流转，也就意味着土地经营权流转不具备可操作性）。（见表5-2）

表5-2　农村土地经营权流转过程中流出方与流入方的博弈关系

农地流入方	农地流出方	
	流　转	不流转
流　入	$\beta N + I_B - S_B - T - \beta F, \dfrac{M}{\alpha} + I_A - S_A - E$	$T, \alpha E$
不流入	$T, \alpha E$	$T, \alpha E$

参与博弈的双方都是理性经济人，基于经济人的考虑前提，博弈的最终目的是实现自身利益的最大化。农地流出方参与该博弈的前提是流出方明确地知道农地流入方会受让接受其流转的土地，且在市场机制运转的情况下，当受让方已经支付了相应的成本但最后土地由于各种原因并没有流转成功的情况基本上不会出现。综上所述，参与博弈的双方只有在农地流出方采用将土地进行流转的行为，以及农地流入方选择将土地流入的行为，才可能导致各自追求的利益最大化，那么该博弈的纳什均衡是（流入，流转），即（$\beta N + I_B - S_B - T - \beta F, \dfrac{M}{\alpha} + I_A - S_A - E$）。

（3）博弈分析。

第一，对于参与土地经营权流转且最后采取将土地经营权流转出去行动的农民来说，$\dfrac{M}{\alpha} + I_A - S_A - E > 0$是采用该策略的充分条件，也就是说农地流入方要参与土地经营权流转就必须使其净收益大于0。从基本假设中可以看出，农民从事农业生产所获取的收益与农民家庭年总收入之比为α，也就是重要系数，数学表达式也可以变成$\alpha = \dfrac{E}{E + I_A}$。由上述数学表达公式可以看出，$\alpha$随着$E$的增大而增大，两者是正向关系；但与$I_A$是负向关系，随着$I_A$的增大而变

113

小。伴随着 α 的增大，农民对于从事农业生产所获取的收入的依赖性就越大，土地对于农民的重要性就越大，农户参与流转的意愿就会越小。$\frac{M}{\alpha} + I_A - S_A - E > 0$ 可以转换成 $M > (S_A + E - I_A) \times \alpha$，从转换的表达式可以看出 M 与 α 是呈正向关系的，而与 I_A 是呈负向关系的。这就意味着当 E 越大时，M 就会随之增加，I_A 也会随之减小。

第二，对于农地流入方来说，采取接受土地流入行动最基本的原则是 $\beta N + I_B - S_B - T - \beta F > 0$，也就是农地流入方的净收益要大于 0。上述公式也可转化成 $F < \frac{N - (S_B + T - I_B)}{\beta}$。从转化的表达式中也可以看出，$F$ 与 β 是成正比关系，这就意味着当土地经营权流转中的土地对于农地流入方的重要性与农地流入方愿意支付的用于土地经营权流转的费用成正比。$F < \frac{N - (S_B + T - I_B)}{\beta}$ 也可以转换为 $\frac{F + (S_B + T - I_B)}{\beta} < N$。从上述表达式可以看出，当农地流入方所投入的机会成本 T 增加时，流入方的预期收益 N 也会随之增加。从上述的表述中我们可以看出，当流入方对所期望的土地投入的机会成本越高的时候，风险是与之成正比的，也就是说流入方所必须承担的风险是随之增大的；伴随着风险的增大，农地流入方的预期收益的期望值也会随之增高，三者呈正向关系。

（4）博弈结论。

第一，对于农地流出方来说，当重要系数 α 越大的时候，流出方对于土地的依赖性就越强，将土地经营权流转后家庭不能维持原有收入的风险就会越大，参与土地经营权流转的意愿以及积极性就会偏弱，就会增加流转成本，对农地流入方参与流转起反作用，对土地的良性流转造成阻碍。但当变大时，就会降低 α 的数值，从而使得土地转让的价格不会太高，也能够吸引农地流入方参与土地经营权流转。从上述可知，如果能够解决农民在将土地进行流转后的收入问题，提高农民的工资性收入，那么 α 就会越来越小，也会加快农户将土地进行流转的进程，在一定程度上加速土地的良性运转。

第二，对于决定接受土地的流入方来说，伴随着 β 值的增大，流入方在流转过程中愿意付出的成本就会提高，流入方要承担的风险就会更大。在现实生活中，由于诸多因素的影响，流入方所预期的收益不一定能够完全获得，再加上参与流转会投入一定的成本，同时会产生风险，对有意愿参与土地经营权流转的流入方的风险抵御能力有一定的要求，在这种情况下，风险抵御能力较弱的单位和组织在土地经营权流转过程中会抱有消极的态度。

第三，上述的假设都是在市场竞争环境完善，政府监管力度较强，做好博弈双方对接工作的前提下提出的。从上述的公式中可以看出，参与土地经营权流转的双方都需要承担土地经营权流转的交易费用 S，当 S 过高的时候，双方参与土地经营权流转的意愿就会减弱。当 I 升高的时候，α 会随之减小，土地对于农民的重要性就会降低。

综上所述，政府应该在遵循市场竞争的原则上降低 S 的标准，以此来提升双方参与流转的意愿，同时加强对于第二、第三产业的监管力度，提升农民的工资性收益来减弱农民对于土地的依赖性，促进农村土地的良性运转。

5.4.2 农地流出方和村委会之间的博弈分析

在农地流出方与村委会之间的博弈过程中，参与人为农地流出方和村委会。在博弈过程中，我们认定农地流出方为具有土地经营权流转条件且有流转意识的农户；村委会是指在流转过程中起到中介服务、委托代理职能的村委会。由于村委会是农村集体土地的所有者，因此农地流出方进行农地流转时会受到村委会的影响，村委会在农村相比于农户具有一定的权威性，因此在农地流转中农户处于弱势的地位，在一定程度上受到村委会的领导。村委会可以在农地流转中发挥自己的职能，如中介服务职能、委托代理职能等，在发挥村委会职能时可以向农户收取一定的中介费用作为补偿。农户是否流出土地在一定程度上与村委会的决策有关。而且农户对村委会是否参与农地流转并不知情，因此农地流出方与村委会之间的博弈分析运用的是不完全信息静态博弈。

（1）不完全信息静态博弈的基本假设。

①假设农地流出方和村委会所在的农地流转市场是相对独立的，不受其他因素的影响。

②假设将农地流出方用字母 A 表示；农地流出方进行农地流转所获得的地租收益用字母 M 表示，即直接收益；流出方流出土地的面积用字母 Q 表示；农地流出方流转土地所需付出的成本用字母 C_1 表示，该成本为流出方为流出农地所付出的成本，如搜寻成本等。若村委会参与农地流转，则流出方还需向村委会支付一定的中介费用，设村委会参与农地流转，农地流出方所付出的成本为 C_2，且 $C_2 > C_1$。设农地流出方为理性经济人，则流入方的收益与成本之差大于零。农地流出方在农地流转中取得的收益用字母 R 表示，收益包括两个部分，第一是流出方进行农地流转所获得的地租收益，即直接收益 M；第二是流出方流转出土地后从事第二、第三产业所获得的工资收益，即间接收益 I_A，则农地流出方的期望收益为 $Q(R)$。

③假设村委会参与农村土地经营权流转的概率为 P，村委会不参与农村土地经营权流转的概率为 $1-P$。由于现实中村委会拥有一定的权威，因此村委会对土地经营权流转有一定的干预行为。

④假设村委会在农地流转中获得的总收益用字母 L 表示，总收益来源于流转双方付出的费用以及地方政府对村委会的奖励。村委会参与农地流转也需付出一定的成本，用字母 G 进行表示，该成本为村委会所付出的人力成本等。假设村委会为理性经济人则 $L-G>0$。

（2）博弈模型的建立。

基于以上的假设条件，在农地流出方与村委会的博弈中，村委会的策略选择为（参与，不参与），农地流出方的策略选择为（流出，不流出）。在村委会不参与农地流转的条件下，农户转出农地的收益为 R_1，$R_1 = (M - C_1) \times Q$。由于村委会不参与农地流转，因此村委会的收益为 0。在村委会参与农地流转的条件下，农地转出方转出农地的收益为 R_2，$R_2 = (M - C_2) \times Q$，因此，流出方流出土地的总体期望收为

$$Q(R) = (1 - P) \times R_1 + P R_2 = (1 - P) \times (M - C_1) \times Q + P(M - C_2) \times Q$$
$$= Q \times [M - C_1 + P(C_1 - C_2)] \tag{5-3}$$

由于农地流出方对村委会是否参与农地流转并不知情，农地流出方只能根据村委会的选择来决定自己的策略，因此农地流出方与村委会的博弈为不完全信息下的博弈。根据以上假设条件和相互关系可以建设以下博弈矩阵。（见表5-3）

表5-3 农村土地经营权流转过程中流出方与村委会之间的博弈关系

农地流出方	村委会	
	参与(P)	不参与($1-P$)
流出	$(M - C_2) \times Q, L - G$	$(M - C_1) \times Q, 0$
不流出	$0, -G$	$0, 0$

①当 $P=0$ 时，即村委会采取不参与的策略，农地流出方与村委会的选择策略有两种（流出，不参与）和（不流出，不参与）。排除（0，0）这种两者都不作为的情况，双方的策略为（流出，不参与），此时农地流出方的期望收益为 $(M - C_1) \times Q$，且农地流出方的总体期望达到最大值，即农地流出方得到了全部的利润收入，此时的农地流转市场就是一个完全的自由市场。

②当 $0 < P < \dfrac{C_1 - M}{C_1 - C_2}$ 时，即农户的期望收益 $Q(R) > 0$，由以上假设可知 $C_1 - C_2 < 0$，由于农地流出方为理性经济人，只有当流出方的收益与成本之差大于零时，流出方才会选择流出农地，即 $C_1 - M < 0$ 且 $M > C_2$。

由以上两个假设条件可知 $0 < \dfrac{C_1 - M}{C_1 - C_2} < 1$。对于农地流出方而言，无论村委会是否参与农地流转，流出方的期望收益都是大于 0 的，因此对于流出方来讲，最优的选择是流转出农地。对于村委会来讲，流出方选择不流出农地而村委会选择参与时的收益为-G，村委会若选择不参与时的收益为 0。当农户选择流出农地时，村委会选择参与的收益为 L-G，且 L-G>0，村委会选择不参与的收益为 0。以上分析的情况来看，村委会的最优选择是参与农地流转。所以在流出方选择流转出农地时，村委会的选择是参与农地流转，此时双方的收益都为正。该博弈对应的纳什均衡为（流出，参与）。

当 $\dfrac{C_1 - M}{C_1 - C_2} < P < 1$ 时，即农地流出方的期望收益小于零，所以该博弈不存在稳定的均衡解。

③当 P=1 时，农地流出方的期望为 $Q(R) = (M - C_2) \times Q$，因此（流出，参与）为该博弈的纳什均衡解。

（3）博弈结论。

由以上博弈分析可得，在农村土地经营权流转中村委会发挥着中介服务的职能，有利于实现自身的利益最大化。但村委会职能的发挥需要有一定的度，且政府应对村委会的干预行为进行监督。

5.4.3　农地流出方和基层政府之间的博弈

在农地流出方与基层政府的博弈过程中，认定农地流出方是具有流转条件且有流转意识的农户；基层政府则是指在流转过程中委托介入的基层政府。基层政府介入土地经营权流转过程的方式有两种，分别是委托介入和居间介入。委托介入方式中，农户并不直接参与合同的签订过程，而是委托政府进行签订或者政府以自身名义与农地流入方签订合同，这样就形成了委托流转反租倒包和股份合作等区别于以往流转形式的土地经营权流转模式；居间介入是基层政府不参与土地经营权流转中的合同签订，在过程中只扮演介绍人的角色。上述介入方式充分发挥了基层政府的能动性，能够用比较低的交易成本将土地进行流转，形成规模效应。

（1）完全信息动态博弈模型的假设。

①参与博弈的双方都是理性经济人，选择利益最大化规避风险是博弈双方的本性。基层政府可能采取的策略是违规操作和正规操作，农地流出方可能采取的策略为维权和容忍两种。

②由于基层政府的决策在前，假设基层政府进行合法征地，农地流出方在这种情况下不会选择维权战略，双方的效用都是0，这个时候博弈无意义。

③如果基层政府选择违规操作，假设基层政府的获益为H。如果农地流出方因为自身条件导致维权能力受限或者是维权的成本过高，最终选择容忍的策略，则农户的收益为$-H$。如果流出方选择维权，但维权过程中是需要付出成本的，假设流出方选择维权的成本是V_1；如果流出方选择维权且维权成功，基层政府将会承受损失V_2，这个时候流出方的权益就得到了保障，此时流出方的收益为$H-V$，基层政府此时的收益为$-V_2$。如果流出方选择维权但最终维权失败，则流出方的损失便是$-V_1$，基层政府的收益为H，假设流出方维权成功的概率为δ，维权失败的概率为$1-\delta$。

④假设流出方的期望收益为K，基层政府的期望收益为O。

（2）博弈模型的建立。

在博弈过程中，基层政府的策略可以是违规操作和正规操作。违规操作主要表现在基层政府不召开民主会议，直接自行决策流转方式，流转所得的收益并没有按照正规程序进行分配。农户的策略可以是忍让或者敢怒不敢言，或者是去讨好基层政府的人员以此来获取相应收益或者进行维权。总结起来，农户的战略就是维权、讨好和忍让。

基于以上的假设条件，在农地流出方与基层政府之间的博弈中，基层政府的策略选择为（正规操作，违规操作），农地流出方的策略选择为（维权，容忍）。在基层政府对农村土地经营权流转正规操作的条件下，流出方也就不会去维权，双方的收益都为0。在基层政府对农村土地经营权流转违规操作的条件下，如果流出方选择容忍的策略，那么基层政府和流出方的收益为（H，$-H$）；如果流出方选择维权的策略，那么流出方的期望收益为

$$K = \delta(H - V_1) + (1 - \delta)(-V_1) = \delta H - V_1 \tag{5-4}$$

基层政府的期望收益为

$$O = (1 - \delta)H + \delta(-V_2) = H - \delta H - \delta V_2 \tag{5-5}$$

在决策之前，农地流出方与基层政府对于双方可能采取的策略都会比较熟悉，属于完全信息；又因基层政府采取的策略在前而农地流出方的决策在后，属于动态博弈。综上所述，农地流出方与基层政府的博弈是完全信息动态博弈（见图5-1）。

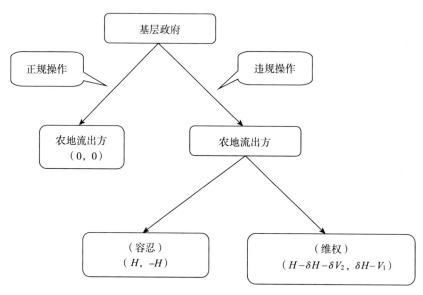

图5-1 农地流出方和基层政府之间的博弈

（3）博弈过程分析。

农地流出方在基层政府选择违规操作后所要选择的策略取决于$-H$与$\delta H - V_1$的大小关系。令$-H = \delta H - V_1$，可解出$1 + \delta = \dfrac{V_1}{H}$。

①当$1 + \delta > \dfrac{V_1}{H}$的时候，农民如果选择维权，成功的概率偏低。这个时候农户的选择会倾向于容忍，此时$H > 0$，在这种情况下基层政府的收益要大得多，因此一定会选择违规操作，这种情况下的纳什均衡是（违规，容忍）。

②当$1 + \delta > \dfrac{V_1}{H}$的时候，农民选择维权是有利的，而在这种情况下基层政府是否会违规取决于$H - \delta H - \delta V_2$是否大于零，当$H - \delta H - \delta V_2 > 0$，也就是$\dfrac{1}{\delta} - 1 < \dfrac{V_2}{H}$时，基层政府选择违规操作仍然是有利的，这种情况下的纳什均衡是（违规，维权）；当$\dfrac{1}{\delta} - 1 < \dfrac{V_2}{H}$时，基层政府将不再冒险，选择正规操作，这种情况下的纳什均衡是（正规操作，维权）。

（4）博弈结论。

第一，从上述的均衡可以看出，农地流出方是否选择维权的决策与维权成功的概率、维权成本V，以及当政府选择违规操作损失的利益H有关。因在前述博弈的基本假设中农地流出方与基层政府均为理性人，当$V > H$的时候，流出方不会选择维权；而当$V > H$的时候，流出方会选择维权战略，这样基层政府因为担心受损而对自身是否采取违规操作战略有所顾忌，能够促进土地经营权流转的良性运作。

第二，基层政府是否会选择违规操作战略与V_2、H与δ有关，V_2越小的时候，基层政府越倾向于选择违规操作；δ越高的时候，也就说明流入方选择维权的成功率越高，基层政府基于处罚的顾虑而不敢选择违规操作。

第三，由上述可以看出，在预防基层政府选择违规策略的手段中，提高流出方维权的成功率和加大处罚力度是两个直接的影响因素。

5.4.4　政府监管下的农村土地经营权流转博弈分析

在农村土地的流转过程中，抱有侥幸心理或者出于对市场投机的预期，流转双方并不总是规规矩矩地遵守法律法规，还可能作出一些违法违规行为来实现自身利益的最大化。基层政府出于维护土地经营权流转市场秩序，保持社会稳定的目的，会对违法违规行为进行查处。基层政府与农村土地经营权流转双方之间的博弈，更多地在于对流转双方在土地经营权流转过程中可能出现的违法违规行为进行监管博弈。

在流转双方实际的土地经营权流转过程中，由于信息的不对称，基层政府往往处于信息获取的弱势方，它采取行动的前提是获得相关的违规消息，这些都构成不完全信息动态博弈的基本要件。

（1）不完全信息动态博弈模型假设。

①假设在政府监管农村土地经营权流转的前提下，基层政府、农地流出方和农地流入方三方博弈。

②假设基层政府、农地流出方和农地流入方都是理性经济人，以实现自身利益最大化为目标。从土地经营权流转双方的角度来讲，出于投机心理，农地流出方和农地流入方为了获得更高的收益可能会不顾策略是否违规而采取行动；从基层政府的角度来讲，如果不对违规进行土地经营权流转的行为予以处理，既会损害政府的形象，也会损害政府的利益。

③假设土地经营权流转双方的策略是违规操作和不违规操作两种。在农地流转过程中，由于信息的不对称，基层政府又是信息获取的弱势方，其进行策略选择的前提是在接到群众或其他组织的进行策略选择，这两种策略选择为查处和不查处。

（2）博弈模型的建立。

第一，土地经营权流转双方的策略是（不违规，违规），基层政府的策略是（查处，不查处）。

第二，土地经营权流转双方在不违规的条件下，需要支付交易成本 X（$X>0$），获得收益 J（$J>0$），则其获得的净利润为（$J-X$）；当土地经营权流转双方违规进行土地经营权流转时，将不需要支付交易成本，但由于违规操作，如果被基层政府发现处罚后还需要支付处罚成本 L（$L>0$），此时农地流转双方的期望收益为 $J-L$。

第三，当基层政府对土地经营权流转进行监管时，查处的平均成本为 G（$G>0$），查处土地经营权流转双方的违规行为后将获得收益 U（$U>0$），如果流转双方此时违规，基层政府的期望收益为 $U-J$；若土地经营权流转双方违规流转土地，而基层政府选择不查处所产生的收益为 U'。通过上述的博弈假设和相关条件设立，运用矩阵来表示在农村土地经营权流转过程中，政府监管下的农村土地经营权流转的博弈过程见表5-4。

表5-4　政府监管下的农村土地经营权流转博弈关系

农地流转双方	基层政府	
	查处	不查处
不违规	$J-X, -G$	$J-X, 0$
违规	$J-L, U-J$	$0, U'$

（3）博弈过程分析。

由表5-5可以看出，当土地经营权流转双方不违规操作时，基层政府如果选择查处则会得到（$J-X$，$-G$）的结果，如果不查则会得到（$J-X$，0）。若土地经营权流转双方法律意识薄弱或存在投机心理，选择违规操作土地经营权流转，政府若查处得到的结果是（$J-L$，$U-J$），不查处得到的结果是（0，U'）。

①若 $J-X>0$，即 $J>X$，不违规进行农村土地经营权流转带来的净收益大于零，土地经营权流转双方将倾向于选择按照相关法律法规流转土地，此时不管基层政府查处还是不查处，土地经营权流转市场都处于良性状态。若 $U-G<U'$，土地经营权流转双方的正规操作所带来的净收益小于零，政府查处后所获得的净收益小于不查处后获得的净收益。此时，土地经营权流转双方将不会遵守规则，选择违规进行土地经营权流转，而基层政府则会选择不查处土地经营权流转双方的违规行为。政府监管失效，土地经营权流转市场将出现混乱。

②若 $J-X<0$，且 $U-G>U'$，土地经营权流转双方正规操作后获得的净收益将会小于零，而政府查处土地经营权流转双方的违规行为后获得的净收益大于不查处土地经营权流转双方的违规行为所获得的净收益。此时土地经营权流转双方会偏好选择不按照相关法律法规流转土地，而政府则会选择监管农村土地经营权流转，对土地经营权流转双方的行为进行查处。

③若 $J-X>0$，$J-G>0$，且 $J-X>J-G$，即 $L>X$ 时，土地经营权流转双方违规行为被政府查处后需要支付的罚款大于不违规流转土地所需要支付的交易成本。这时，由于罚款数额较大，土地经营权流转双方会选择按照规定进行土地经营权流转，土地经营权流转市场将处于良好状态。

④若 $J-X>0$，$J-G>0$，$J-X<J-G$，即 $L<X$ 时，土地经营权流转双方为了获得更大的收益会选择违规进行土地经营权流转。当 $U-G<U'$ 时，基层政府会选择不查处在农村土地经营权流转过程中的违规行为。当 $U-G>U'$ 时，基层政府将严格查处土地经营权流转过程中的违规行为。

（4）博弈结论。

第一，通过上述分析可发现，J、X、L 这三个变量的大小会影响土地经营权流转双方的策略选择。U、G、U' 的大小则决定着基层政府的策略选择。当 $J>L>X$ 时，出于利益的考虑，农村土地经营权流转双方将严格按照法律法规的规定来进行土地经营权流转；当$J > X > L$时，由于存在投机心理，土地经营权流转双方可能会违规进行流转土地；当$X > J > L$时，土地经营权流转双方为了获得收益一定会违规流转土地；当$L > J$且$X > J$时，土地经营权流转双方将不会流转土地。

第二，为了更好地监管农村土地经营权流转，基层政府可以构建合理的土地价格评估机制，通过健全土地经营权流转市场和鼓励中介组织共同协作降低交易成本，制定相关监管政策从而增加查处力度和惩罚金额，并且降低查处的平均成本，从而促使土地经营权流转双方正规操作土地经营权流转，基层政府积极监管土地经营权流转双方的行为。

5.5　本章小结

通过上述博弈过程可以得出的结论是：在土地经营权流转的过程中，逐步形成了以农地流出方、农地流入方、村委会和基层政府四个核心利益相关者为主的博弈关系。由于我国国情的特殊性，在法律上承认土地的承包经营权，但由承包经营权所延伸出来的权利并没有得到说明，又由于农户常年从事农业生产，自身权益和权力以及信息获取渠道相对弱小和狭隘，这使得农户在权益遭到损害时难以利用有效的手段维护自身权益。

在上述博弈模型分析农户权益之所以会受损的情况时发现，原因之一在于出于自身利益的考虑，农地流入方为了获取更多的流转效益，基层政府为了获取更多的效益，都有可能采取一定的违规操作手段来获取在土地经营权流转中隐藏的效益；原因之二在于农地流出方维护自身权益的手段过于单一，且流出方对自身在土地经营权流转中应该具有的权益并不明晰；原因之三在于基层政府在颁布并执行土地经营权流转政策的时候，由于各个地区的发展情况不同，村委会可能在执行政策方面或者是出于对自身情况的考虑而消极对待策略或者利用各种方式来折中处理政策。因此，为了协调各方利益，在保护农民权益不受损的前提下，基层政府会采取监管农村土地经营权流转进程的策略，开展土地经营权流转活动，规范土地经营权流转双方的流转行为，实现利益协调，推动全国农村土地经营权流转的有序发展。

6　农村土地经营权流转意愿实证研究

通过对农村土地经营权流转各主体之间进行博弈分析可知，各利益方只有相互合作才可以实现利益最大化。本章对农村土地经营流转权意愿进行实证研究，以期为农地经营权流转提供数据与理论支撑。

6.1　问卷设计与描述性统计分析

6.1.1　问卷设计

为深入了解山西省农户的土地经营权流转意愿，本书选取山西省的晋中市、临汾市、大同市、运城市、晋城市进行问卷调查。选择这几个地点主要考虑大同市位于山西北部，而晋中市位于山西中部，临汾市、晋城市和运城市位于山西南部，基本上可以概括山西基本农业情况。本次调研共发放调查问卷300份，最终回收问卷共290份，占问卷总数的97.7%。通过对无效问卷进一步的剔除后，一共得到有效调研问卷279份，调研问卷的有效率为93%（见表6-1）。

表6-1　问卷情况调查表

调查地点	问卷总数	有效问卷数
晋中市	60	53
临汾市	60	56
大同市	60	58
运城市	60	53
晋城市	60	59

6.1.2　描述性统计分析

在实地调查工作结束后，对所有收回问卷数据进行整理、汇总、录入等一系列处理工作。对问卷结果进行整理。在实地调查过程中发现，问卷有做得不够完善的地方，许多问题有相似及重复提问的情况，所以进一步对问卷中重复、相似的问题进行了合并和删除。为了后面录入工作的方便，减少工作量，对今后研究意义不大的问题也进行删除。在Excel中将每个问题按一列，每份问卷占一行的规则输入表格中，并进行图文分析，以便更好地分析影响农户土地经营权流转的因素。

（1）性别。

调查对象以男性为主，因山西地区农业经济以及现代化科学技术并不发达，因此多采取人力的方式进行劳作，没有大规模地开展农业现代化机械作业，男性在这方面占有很大的优势，因此农户多为男性（如图6-1所示）。

（2）年龄。

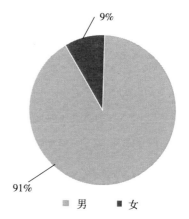

图6-1　性别描述性统计

由统计调查可知，35岁以下的占调查有效问卷数的16.5%，36～45岁的占24.6%，46～59岁的占32.5%，60岁从上的26.2%。被调查者大部分年龄在50岁左右，这部分人群仍然处于壮年，受制于文化素质和年龄原因，他们是农村从事农业生产的主力军（见图6-2）。

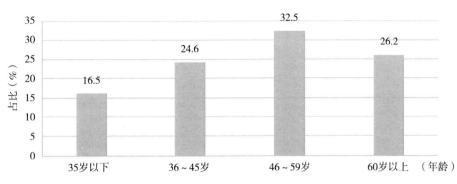

图6-2　年龄描述性统计

（3）文化程度。

农户的文化程度分布较为合理，所有被访者中，小学文化的占10.7%，只有初中学历的占39.4%，高中或中专学历的占14.3%，大专及以上学历的占14%，被访者小学和初中学历的共占60.9%份额，但也存在一部分年龄较大的文盲，也有一部分农户文化素质达到了高中或者大专以上，说明调研结果具有一定代表性，如图6-3所示。

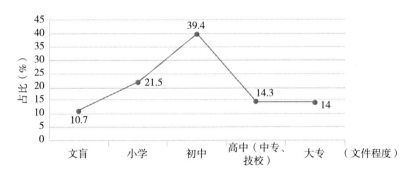

图6-3　文化程度描述性统计图

（4）就业情况。

调查对象职业分布广泛，但大部分人从事的还是与农业有关的工作，比例达到73.2%，其中在家务农者占50.6%，说明村中大部分人还是从事农业生产，农业流转比例并不是很大，且多数属于小农经营，拥有的土地面积较小，因此农户的收入有限（见表6-2）。

表6-2　就业情况描述性统计

类别	名称	百分比(%)
就业情况	在家务农	31.6
	在家从事非农业生产	12.1
	在家务农以及打工兼职	19
	外出打工从事农业	22.6
	外出从事非农业生产	14.7

（5）家庭收入。

由统计分析可知，农业收入在收入中占比重最大的有144户，认为"农业收入和非农业收入相当"的有46户，认为"非农业收入"在收入中占比重最大的有10户，传统农区农民的收入主要还是农业收入；被访者认为自己属于本村的"低收入户"的有82户，认为自己属于本村的"中等收入户"的有140户，认为自己属于本村的"高收入户"的有57户（如图6-4、图6-5所示）。

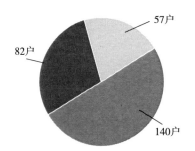

图6-4　收入水平描述性统计

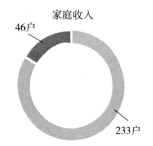

图6-5　家庭收入描述性统计

由表6-3可知，农户转入土地存在很大困难，多数农户属于小农经营，收入有限，农户文化素质一般分布在初中和小学，农业技术认知度不够，很难使用最新的农业技术。由于专业素质的欠缺，对土地的经营管理不够妥当，没能最大限度地发挥其价值。市场管理信息不足，农村没有建立完备的土地经营权流转信息平台，从而想要承包土地的农户不知道土地经营权流转的最新消息。而且很多农户没有经历过土地经营权流转，也因为缺少足够的生活技能，对于土地的依赖性使他们很难将土地经营权流转出来，从而市场可转入土地很少。

农户不愿意转出土地的原因众多，集中在缺乏足够的生活保障，没有其他就业技能，土地经营权流转后会让农户产生不安全感等因素，从而阻碍了农户进行土地经营权流转。政府旨在为农户最大限度地解决忧虑，需从几方面入手：给予规模种植户资金支持，提供给流转农户更多的就业机会，以及建立完善的土地经营权流转信息平台，让农户有土地可以进行交易。在这个过程中，一方面需要政府对农户进行专业技能的培训，让农户能够有更多技能从事非农产业；另一方面为农户提供足够的资金支持、最新的土地经营权流转信息，让农户可以更加方便地进行土地经营权流转。

表6-3 问卷调查分析（多选）

类别	名称	频数	占比
不愿意转入土地的原因	资金缺乏	53	19
	技术缺乏	67	24
	土地管理利用	89	31.9
	对市场了解不够透彻	92	33
不愿意转出土地的原因	担心流转后生活没有保障	63	22.6
	失业考虑	86	30.8
	养老问题	19	6.8
	想要转入土地,缺少可流转土地	77	27.6
政府的行为	政策明确	87	31.2
	政府专人管理	67	24
	种植户资金支持	222	76.6
	就业保障	136	48.7
	技术培训	165	59
	监管污染	53	19
	建立信息平台	213	76.3

6.2 农村土地经营权流转意愿的实证分析

6.2.1 影响因素分析

大量的中国土地经营权流转实证研究将现行土地制度下影响土地经营权流转的原因归结于土地制度、经济条件、农户自身的资源禀赋、社会等因素。然而影响土地经营权流转的因素众多，既有农户外部因素，也有农户内部因素。

具体来看，农户外部因素又可以分为经济因素和外部制度因素。经济因素包括宏观经济环境、农村经济条件，以及农产品价格等方面；外部制度因素包括国家有关土地的政策（土地确权）、农户社会保障制度，以及社区保障制度。农户内部因素包括农户户主的个人特征，如户主性别、年龄、文化程度等；农户家庭人口结构特征，如劳动力人口、家庭人口等；农户家庭经济特征，如土地、技术和劳动力等资源禀赋状况，农业土地收入，家庭总收入，以及打工收入比重等。农户内部因素是土地经营权流转行为的制约因素，对农户土地经营权流转意愿有一定的决定作用；外部因素对农户的土地经营权流转行为有着激励或约束作用，并且可能在一定条件下直接影响农户流转土地的意愿。内、外部因素的共同作用，使农户对于土地经营权流转有着不同的看法，产生迥异的行为。土地经营权流转影响因素见表6-4。

表6-4 土地经营权流转影响因素

经济因素	宏观经济环境
	农村经济条件
	农产品价格

外部制度因素	国家有关土地政策(土地确权)	
	农户社会保障体制	
	社区保障制度	
农户个人因素	个人特征	性别
		文化程度
		就业情况
		年龄
	家庭特征	家庭人口
		劳动力人口
	家庭资源	劳动力资源
		土地资源
		技术资源
		机械化水平
	收入情况	家庭总收入
		农业生产收入
		非农业收入

6.2.2 研究假设

在市场经济条件下，农村土地经营权流转市场健康发展的最终实施主体应该是农户，土地经营权流转应当以尊重农户意愿为前提，以满足农户发展为根本目的。

就农户而言，土地经营权流转可以看作土地供需双方的一种交易行为，农户内部因素在土地经营权流转中起着关键性作用，因此农户的年龄、文化程度、就业情况等个人特征和农户家庭情况、收入情况、家庭资源等家庭主要特征对农户土地经营权转入意愿都有直接的影响（见图6-6）。据此，本研究提出以下假设。

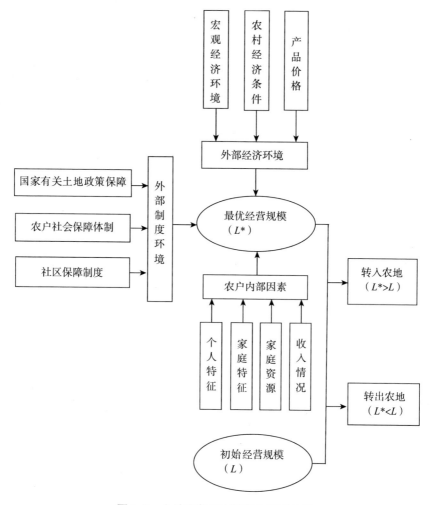

图6-6 土地经营权流转影响因素结构

注:L*是最优经营规模,L是初始经营规模。

(1)农户的个人特征对农户土地经营权流转意愿的影响。

农户的性别、年龄、文化程度、就业情况等个人特征在一定程度上都会对土地经营权转入意愿产生影响。农户的年龄越大越保守,对新鲜事物的接受能力有限,农户土地转入意愿越低;女性对家庭的依赖性更高,对土地的依赖度也随之提升,对于土地转入意愿更高;男性为了能够得到更多的收入,大多出去兼业打工，对土地的依赖性较小，土地转出意愿较高。文化程度越高的农户，对土地经营管理的能力就越强，越能够通过土地经营权流转创造更多的收入，因此土地转入意愿越高；但是农户的文化程度越高，掌握的技能越多，因而越容易进入非农行业，土地转出的意愿也越强烈。农户从事的职业越偏向于农业，对农地转入的意愿就越强烈；反之，农户从事的职业越偏向于非农产业，农地转出意愿就越强烈。

H1：性别对农户土地经营权流转意愿有显著影响。

H2：年龄对农户土地经营权流转意愿有显著影响。

H3：文化程度对农户土地经营权流转意愿有显著影响。

H4：就业情况对农户土地经营权流转意愿有显著影响。

（2）农户的家庭特征对农户土地经营权流转意愿的影响。

农户的家庭特征包括家庭人口和劳动力人口，相较于人口少的家庭，人口多的家庭从事农业生产的人口会较多，那么农地转入意愿也就较强烈；而劳动力人口较多的家庭对农地转入的意愿较强烈。

H5：家庭人口对农户土地经营权流转意愿有显著影响。

H6：劳动力人口对农户土地经营权流转意愿有显著影响。

（3）农户的家庭资源对农户土地经营权流转意愿的影响。

农户的家庭资源包括劳动力资源、土地资源、技术资源、机械化程度等因素。劳动力资源越丰富，参与农地生产的劳动力越多，农地转入意愿也就越强烈。农户土地资源越丰富，越容易实现规模化生产，使得土地收入得到显著性提高，因此带动农地转入意愿的提升；但土地资源越丰富，可用于农地流转的土地就越多，因而农地转出意愿也强烈。技术资源越丰富，农业科技水平越先进，农地的产出效率越高，生产率增长越快，对农地转入意愿就越强烈。机械化水平的发展，带动生产规模化、效率化，用机械化的劳作代替人力劳作，劳动生产率得以提高，农民的收入有了一定的增加，对农地转入的意愿就更强烈。

H7：劳动力资源对农户土地经营权流转意愿有显著影响。

H8：土地资源对农户土地经营权流转意愿有显著影响。

H9：技术资源对农户土地经营权流转意愿有显著影响。

H10：机械化水平对农户土地经营权转入意愿有显著影响。

（4）农户的收入情况对农户土地经营权流转意愿的影响。

农户的收入情况包括家庭总收入、农业生产收入、非农业收入，农业生产收入占家庭总收入比例越大，代表家庭从事农业生产活动越多，那么对于农地转入的意愿也就越强烈；非农业收入占家庭总收入比例越小，说明该家庭在外兼职人员越少，从事农业生产的人员越多，因此农地转入的意愿也就越强烈。

H11：家庭总收入对农户土地经营权流转意愿有显著的影响。

H12：农业生产收入对农户土地经营权流转意愿有显著影响。

H13：非农业收入对农户土地经营权流转意愿有显著影响。

表6-5　影响因素的研究假设

影响因素	研究假设	
	土地转入户	土地转出户
性别（男）	负相关	正相关
文化程度	正相关	正相关
就业情况（非农产业）	负相关	正相关
年龄	负相关	正相关
家庭人口	正相关	负相关
劳动力人口	正相关	负相关
劳动力资源	正相关	负相关
土地资源	正相关	正相关
技术资源	正相关	负相关
机械化程度	正相关	负相关

影响因素	研究假设	
	土地转入户	土地转出户
家庭总收入	正相关	正相关
农业土地收入	正相关	负相关
非农业收入	负相关	正相关

6.2.3　模型构建

为进一步探讨农户土地经营权流转意愿影响因素，将运用定量方法进一步分析探索该问题的深层次影响因素。本研究主要是利用SPSS19.0软件，对农地流转中各种影响农户土地经营权流转意愿的因素进行了Logistic回归模型的分析。由于因变量是一个虚拟的二分变量，它的取值是0或者1，而且影响因变量的因素是多样化的、综合的，在传统的回归模型不能给予研究的因变量充分合理解释的情况下，而Logistic模型能够克服线性方程受统计假设约束条件的局限性，不需要严格的假设条件，具有比较广泛的适用范围。因此，Logistic回归模型非常适合本书研究的需要。本书在借鉴以往研究基础上，选取Logistic回归模型，其模型形式是：

$$P_i = F(y) = F\left(a + \sum_{j=1}^{n}(\beta_j x_j)\right) = \frac{1}{1 + e^{-(a + \sum_{j=1}^{n}\beta_j x_j)}} \tag{6-1}$$

式（6-1）中，P_i 为第 i 个农民愿意流转的概率，a 表示常数项，β_j 是回归系数，X_j 表示第 j 个影响农民土地经营权流转意愿的自变量和控制变量，n 为解释变量的个数。农民不愿意进行土地经营权流转的概率为 $1-P_i$，那么愿意的事件发生比就为 $(P_i/1-P_i)$。在对式（6-1）进行对数变换后，得到概率与自变量之间的 logistic 回归方程：

$$LnL = Ln\left(\frac{P_i}{1-P_i}\right) = a + \sum_{j=1}^{n}(\beta_j + x_j) = b_0 + b_1 x_1 + b_2 x_2 + \cdots + b_n x_n \tag{6-2}$$

6.2.4 变量赋值

本书主要研究不同农户流转土地的行为和意愿，尽管外部经济因素对土地经营权流转有很大影响，但是由于研究地区的农户基本上是在相同的外部经济因素约束下作出土地经营权流转的决策，所以对土地经营权流转行为的解释更多地来自农户自身的特征。因此，在实证部分不对这些外部经济因素进行验证。

现有的国家土地政策对调研区域的农户具有相同的影响，而且国家的土地制度在相当长的时期内具有稳定性，不同的农户将面临相同的土地经营权流转制度约束，他们对现有土地制度的评价和对土地经营权流转的影响也大体是相同的。在调研中发现，目前社会保障体系逐渐完善，但是对于农户的生存问题而言微不足道，而且大多只针对五保户的基本生存予以保障，这种保障制度对土地经营权流转基本不会有太大的影响。

因此，本书主要是从农户的个人因素来分析验证，探讨对于农户土地经营权流转意愿的影响因素，变量的赋值见表6-6，变量结构见图6-7。

表6-6 对于农户个人因素的变量赋值

变量	变量解释	变量说明
X_1	性别	男=1,女=0
X_2	文化程度	文盲=0,小学=1,初中=2,高中=3,大专=4
X_3	就业情况	在家务农=0,在家从事非农业生产=1,在家务农以及打工兼职=2,外出打工从事农业=3,外出务工从事非农业生产=4
X_4	年龄	35岁以下=0,36~45岁=1,46~59岁=2,60岁以上
X_5	家庭人口	一个及以下=0,两个=1,三个=2,四个及以上=3
X_6	劳动力人口	一个及以下=0,两个=1,三个=2,四个及以上=3
X_7	土地资源	5亩以下=0,5~10亩=1,10~30亩=2,30~50亩=3,50亩以上=4

变量	变量解释	变量说明
X_8	技术资源	有=0,无=1
X_9	机械化程度	高=0,低=1
X_{10}	劳动力资源	多=0,少=1
X_{11}	每月家庭总收入	3000元以下=0,3000~5000元=1,5000元以上=2
X_{12}	农业土地收入	1000元以下=0,1000~3000元=1,3000元以上=2
X_{13}	非农业收入	2000元以下=0,2000~4000元=1,4000元以上=2

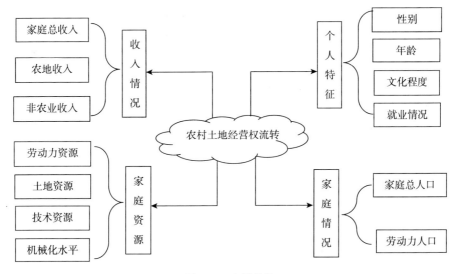

图6-7 变量结构

6.3 模型变量检验

（1）信度检验。

将搜集的数据输入 SPSS 19.0 软件，做总量表的信度检验，若 Cronbach's Alpha 的测量值大于0.7，就可以说测量表的信度是可以接受的；若

Cronbach's Alpha的测量值大于0.5，小于0.7，则可以通过该系数判定测量问项是存在一定问题的；若该值还不到0.5，就可以得出结论量表是不能接受的，存在很大的问题，需要进行重新设计。同时，如果项已删除的Cronbach's Alpha值比Cronbach's Alpha系数要大，则说明该项目也需要删除。

总量表中的可靠性统计量Cronbach's Alpha系数为0.731，基于标准化项的Cronbach's Alpha系数为0.724，均大于0.7。同时每一项的项以删除的Cronbach's Alpha均大于0.7，通过信度检验。总体来看，问卷指标具有较强的可信度（见表6-7、表6-8）。

表6-7 可靠性统计量

Cronbach's Alpha	基于标准化项的 Cronbach's Alpha	项数
0.731	0.724	13

表6-8 校正的项总计统计量

	校正的项总计相关性	项已删除的 Cronbach's Alpha 值
X_1	0.718	0.729
X_2	0.703	0.716
X_3	0.706	0.717
X_4	0.701	0.713
X_5	0.702	0.715
X_6	0.712	0.725
X_7	0.698	0.710
X_8	0.690	0.703
X_9	0.718	0.729
X_{10}	0.699	0.711
X_{11}	0.703	0.716

	校正的项总计相关性	项已删除的 Cronbach's Alpha 值
X_{12}	0.710	0.719
X_{13}	0.705	0.716

（2）效度检验。

效度是测量的有效性程度，即测量工具确能测出其所要测量特质的程度，或者简单地说是指一个测验的准确性、有用性。效度是科学的测量工具所必须具备的最重要的条件。

不同的 KMO 值可判断对应的题项做因子分析的适合程度，具体而言，当 KMO < 0.6 时，不适合做因子分析；当 0.6 < KMO < 0.7 时，不太适合做因子分析；当 0.7 < KMO < 0.9 时，适合做因子分析；当 KMO > 0.9 时，非常适合做因子分析。由表 6-9 可知，个人特征、家庭特征、家庭资源、收入情况的 KOM 值分别为 0.732、0.874、0.834、0.752，且各个变量的 Bartlett 的球形度检验的 Sig. 均为 0.000，比较具有显著性，可进行因子分析（见表 6-9）。

表6-9 KMO 和 Bartlett 的检验

变量	效度检验	
	KMO值	Bartlett 的球形度检验(Sig.)
个人特征	0.732	0
家庭特征	0.874	0
家庭资源	0.834	0
收入情况	0.752	0

通过旋转后的因子矩阵表可知，成分1代表个人特征，负荷量分别为 0.921、0.804、0.714、0.792；成分2代表家庭特征，负荷量分别为 0.690、

0.856；成分3代表家庭资源，负荷量分别为：0.859、0.647、0.818、0.611；成分4代表收入情况，负荷量分别为：0.801、0.647、0.718，每个项目的负荷均高于0.5，且不存在双重因子负荷均高的情况，每个维度下的项目均按照理论分布聚合到一起，根据上文分析说明问卷量表有很好的构建效度（见表6-10）。

表6-10　旋转后的因子矩阵

	1	2	3	4
X_1	0.921			
X_2	0.804			
X_3	0.714			
X_4	0.792			
X_5		0.690		
X_6		0.856		
X_7			0.859	
X_8			0.647	
X_9			0.818	
X_{10}			0.611	
X_{11}				0.801
X_{12}				0.647
X_{13}				0.718

提取方法：主成分分析法；已提取4个主成分。

（3）多重共线性检验。

为了保证模型拟合的准确性，本书采用方差膨胀因子（VIF）来判断拟合模型是否存在多重共线性。表6-11中VIF值分别为1.06、1.33、1.25、1.36、1.12、1.23、1.31、1.09、1.11、1.31、1.25、1.26、1.28，所有变量的VIF的值均在1~1.4之间，所以变量并没有明显的多重共线性问题。

表6-11　VIF结果表

变量	VIF	1/VIF
性别	1.06	0.943
文化程度	1.33	0.752
就业情况	1.25	0.8
年龄	1.36	0.735
家庭人口	1.12	0.893
劳动力人口	1.23	0.813
劳动力资源	1.31	0.763
土地资源	1.09	0.917
技术资源	1.11	0.901
机械化程度	1.31	0.763
家庭总收入	1.25	0.8
农业土地收入	1.26	0.794
非农业收入	1.28	0.781

（4）拟合度检验。

拟合度检验是用卡方统计量进行统计显著性检验的重要内容之一。它是依据总体分布状况，计算出分类变量中各类别的期望频数，与分布的观察频数进行对比，判断期望频数与观察频数是否有显著差异，从而达到从分类变量进行分析的目的。由表6-12可知，把自变量进行模型分析，Sig.值为0.881，远大于0.05，可以认为模型的拟合度较佳。

表6-12　Hosmer和Lemeshow检验

	卡方	df	Sig.
步骤	3.657	9	0.881

6.4 模型回归结果分析

6.4.1 农户土地转入意愿的 Logistic 模型运行结果分析

从农户土地转入意愿的 Logistic 模型运行结果可以得出影响农户土地转入意愿的显著性因素有 10 个，显著性从强到弱分别是技术资源、劳动力资源、机械化程度、家庭人口、劳动力人口、农业土地收入、非农业收入、性别、就业情况、年龄。文化程度、土地资源、家庭总人口对农户土地转入均有不同程度的影响，但不在 5% 显著性水平范围内，影响不显著，具体结果见表 6-13。

表 6-13 回归结果分析

土地经营权流转意愿	B	S.E	Wals	df	Sig.	Exp (B)
性别（男）	−0.762	0.846	0.778	1	0.038	0.918
文化程度	0.693	0.052	177.607	1	1.213	0.659
就业情况（非农产业）	−0.631	0.861	0.537	1	0.040	1.442
年龄	−0.509	0.873	0.340	1	0.047	2.293
家庭人口	0.095	0.082	1.342	1	0.022	1.022
劳动力人口	0.655	0.569	1.325	1	0.028	1.983
劳动力资源	0.625	0.316	3.912	1	0.017	1.240
土地资源	0.379	0.013	849.946	1	0.554	0.401
技术资源	0.842	0.371	5.151	1	0.004	3.074
机械化程度	0.839	0.506	2.750	1	0.019	3.076
家庭总收入	0.805	0.088	83.681	1	0.646	0.094
农业土地收入	0.812	0.776	1.095	1	0.030	2.090
非农业收入	−0.810	0.829	0.955	1	0.034	2.092

（1）农户的个人特征。

①"性别"这一自变量在5%的水平上显著，计算结果是负值，表明"性别"这一自变量在5%统计水平上显著，负向影响农户的土地转入意愿。这说明男性土地经营权流转的意愿不强烈。这是因为农村中男性更多地在外务工或者打零工，对于土地的依赖没有那么深，男性土地转入意愿不强烈。

②"文化程度"对农户的土地经营权流转意愿影响不显著，说明劳动力文化程度和农民的流转意愿并没有明显的相关性。出现这种情况的原因是，有可能文化程度较高的农户对土地经营权流转的认知度高，并且对新鲜事物的接受能力较高，更多地从事非农行业；但是有些文化水平高的农户更愿意通过自己所学的知识来管理经营土地，这就说明了文化程度在一定程度上并不能够影响农户流转土地的意愿。

③"年龄"的计算值是负值，这说明年纪越大的农民土地经营权流转意愿越弱。由于年纪较大的农户不愿意再花费精力去管理土地，身体状况以及精力、体力不足以支撑常年耕种的劳苦，耕种能力也有所下降，使得农地转入意愿不强烈。

④"就业情况"的显著性水平为0.040，都通过了5%的显著性检验，对农户土地经营权流转意愿的影响显著，系数为负，呈负相关。说明从事非农产业的人越多，对土地的需求就会越少，对土地的依赖程度随之降低，使得农地转入意愿不强烈。

（2）家庭特征。

①"家庭人口"这一自变量统计结果不显著，这说明家庭人口多的农户，虽然所用的劳动力较多，但是不一定都会从事农业生产，所以说家庭人口多并不能够提高农地转入意愿。

②"劳动力人口"这一自变量显著水平为0.028，通过了5%的显著性水平检验。这表明劳动力人口越多，所从事农业生产的人也会相应增加，因此提高

了农地转入意愿。

（3）家庭资源。

①"劳动力资源"这一自变量显著水平为0.017，通过了5%的显著性水平检验。这表明劳动力资源越多，加入农业生产的劳动人员也越多，通过对农地的经营管理使得农户收入增加，便会刺激其他劳动者从事农地生产，带动农地转入意愿的提高。

②"土地资源"这一自变量统计结果并不显著，表明土地资源的多少对农地转入意愿的提高并无显著影响。

③"技术资源"和"机械化水平"的显著性水平为0.004和0.017，都通过了5%的显著性水平，有明显的负相关性。说明农户耕种土地的技术水平越高，他们越不愿意流转土地。技术水平越高，机耕面积就越多，机械耕作代替了人力耕种，很大程度上减轻了人力劳动的负担，提高了劳动生产率，耕种土地给农户带来较高的农业收入，所以他们转入土地的意愿较高。

（4）收入特征。

①"家庭总收入"这一自变量统计结果并不显著。这说明家庭总收入包括家庭在乡农业生产性经营收入、家庭在乡从事非农性经营收入、外出务工收入、集体经济收入、财产投资性收入、政府财政或支农政策转移性收入、租赁变卖财产收入等，家庭总收入来源较广，农户对土地生产收入的需求不强烈，因此家庭总收入的多少对农地转入意愿并无显著影响。

②"农业生产收入"的显著性水平为0.030，都通过了5%的显著性水平，这是因为大部分农户实际转入土地的目的是明显增加收入，而绝大部分农户想转入土地是因为有好的农业生产项目，可以从土地上获得较高的经济收益，流入土地的愿望较为强烈。

③"非农业收入"显著性水平为0.034，都通过了5%的显著性水平。这是因为外出务工的收益率高于务农的收益率，农民作为理性人倾向于选择投入

小、回报高的务工方式，并且从事非农业的时间越长，转入土地的动机就会越小。从而农地转入意愿不强烈。

回归检验结果见表6-14。

表6-14　回归检验结果

变量	预测方向	结果方向	回归结果
性别(男)—农地经营权转入意愿	负相关	负相关	显著
文化程度—农地经营权转入意愿	正相关	正相关	不显著
就业情况(非农产业)—农地经营权转入意愿	负相关	负相关	显著
年龄—农地经营权转入意愿	负相关	负相关	显著
家庭人口—农地经营权转入意愿	正相关	正相关	显著
劳动力人口—农地经营权转入意愿	正相关	正相关	显著
劳动力资源—农地经营权转入意愿	正相关	正相关	显著
土地资源—农地经营权转入意愿	正相关	正相关	不显著
技术资源—农地经营权转入意愿	正相关	正相关	显著
机械化程度—农地经营权转入意愿	正相关	正相关	显著
家庭总收入—农地经营权转入意愿	正相关	正相关	不显著
农业土地收入—农地经营权转入意愿	正相关	正相关	显著
非农业收入—农地经营权转入意愿	负相关	负相关	显著

6.4.2　农户土地转出意愿的Logistic模型运行结果分析

从农户土地转出意愿的Logistic模型运行结果可以得出影响农户土地转出意愿的显著性因素有10个，显著性从强到弱分别是技术水平、劳动力资源、机械化程度、非农业收入、家庭人口、年龄、农业土地收入、劳动力人口、性别、就业情况。文化程度、土地资源、家庭总人口对农户土地转入均有不同程度的影响，但不在5%显著性水平范围内，影响不显著（见表6-15）。

表6-15　自变量回归结果分析

土地经营权流转意愿	B	S.E	Wals	df	Sig.	Exp（B）
性别（男）	0.632	0.846	0.558	1	0.040	1.199
文化程度	0.711	0.052	186.953	1	2.199	0.148
就业情况（非农产业）	0.359	0.861	0.174	1	0.047	1.328
年龄	0.509	0.373	1.862	1	0.025	2.293
家庭人口	−0.933	0.682	1.872	1	0.021	1.230
劳动力人口	−0.623	0.569	1.199	1	0.035	1.455
劳动力资源	−0.617	0.316	3.812	1	0.009	0.899
土地资源	0.347	0.013	712.479	1	1.229	0.459
技术资源	−0.762	0.371	4.219	1	0.004	2.118
机械化程度	−0.869	0.506	2.949	1	0.013	2.061
家庭总收入	0.813	0.088	85.352	1	1.096	0.089
农业土地收入	−0.825	0.676	1.489	1	0.030	1.034
非农业收入	0.910	0.629	2.093	1	0.015	1.041

（1）个人特征。

①"性别"这一自变量在5%的水平上显著，计算结果是正值，表明了"性别"这一自变量在5%的统计水平上显著地正向影响农户的土地转出意愿。这是因为很多女性在家照顾孩子，平时在家也会进行农业活动，对于土地的依赖更强一点，所以女性土地转出意愿不强烈。

②"文化程度"这一自变量统计结果并不显著。这是因为文化程度高的农户生活技能会多一些，他们就会接触到更多的非农就业机会，但也会受到家庭等因素的影响，并不参与土地经营权流转，因此农地转出意愿与文化程度并没有显著影响。

③"年龄"的计算值是正值，这说明年龄越大的农户受制于体力衰减，经济发展条件落后的地区，多采用人力，繁重的体力活动对于年龄较大的人群是

一个不小的负担，从而农户会随着年龄增长逐渐放弃一些体力活动大的农业活动，因而年龄较大的人群可能倾向于将土地转出，土地转出意愿强烈。

④"就业情况"通过了5%的显著性检验，对农户土地经营权流转意愿的影响显著，系数为正，呈正相关。说明主要从事非农业生产人群逐渐远离土地，对农地依赖程度降低，从而农地转出意愿强烈。

（2）家庭特征。

①"家庭人口"通过了5%的显著性检验，对农户土地经营权流转意愿的影响显著，系数为负，呈负相关。这说明虽然家庭人口多的农户拥有的劳动力较多，所对应的土地资源较多，加之本身所具有的人力资源，使得农地转出意愿降低。

②"劳动力人口"这一自变量显著水平为0.035，通过了5%的显著性水平检验。这表明劳动力人口越多，从事农业生产的人也越多，因此农地转出意愿不强烈。

（3）家庭资源。

①"劳动力资源"这一自变量显著水平为0.009，通过了5%的显著性水平检验。这表明劳动力资源越多，加入农业生产的劳动人员也越多，通过对农地的经营管理使得农户收入增加，便会刺激其他劳动者从事农地生产，使得农户转出土地意愿降低。

②"土地资源"这一自变量统计结果并不显著，表明土地资源的多少对农地转入意愿的强弱并无显著影响。

③"技术资源"和"机械化水平"的显著性水平为0.004和0.013，都通过了5%的显著性水平检验，有明显的负相关性。这说明农户家庭拥有的农用机械数量越多，规模越大，越不会转出土地，而是会充分发挥现有机械设备和耕作能力，通过土地经营权流转进一步提高规模效益，从而增加家庭收入，因而转出土地的意愿较低。

（4）收入特征。

①"家庭总收入"这一自变量统计结果并不显著。这说明家庭总收入的多少对农地转出意愿并无显著影响。

②"农业生产收入"的显著性水平为0.030，都通过了5%的显著性水平检验，这是因为那些以农业收入为主要收入来源的家庭，因此，他们具有较小的土地转出意愿。

③"非农业收入"显著性水平为0.015，都通过了5%的显著性水平检验。这是因为外出务工的收益率高于务农的收益率，农民作为理性人倾向于选择投入小、回报高的务工方式，并且从事非农业的时间越长，转出土地的动机就会越大，从而农地转出意愿强烈。

回归检验结果见表6-16。

表6-16　回归检验结果

变量	预测方向	结果方向	回归结果
性别(男)—农地经营权转出意愿	正相关	正相关	显著
文化程度—农地经营权转出意愿	正相关	正相关	不显著
就业情况(非农产业)—农地经营权转出意愿	正相关	正相关	显著
年龄—农地经营权转出意愿	正相关	正相关	显著
家庭人口—农地经营权转出意愿	负相关	负相关	显著
劳动力人口—农地经营权转出意愿	负相关	负相关	显著
劳动力资源—农地经营权转出意愿	负相关	负相关	显著
土地资源—农地经营权转出意愿	正相关	正相关	不显著
技术资源—农地经营权转出意愿	负相关	负相关	显著
机械化程度—农地经营权转出意愿	负相关	负相关	显著
家庭总收入—农地经营权转出意愿	正相关	正相关	不显著
农业土地收入—农地经营权转出意愿	负相关	负相关	显著
非农业收入—农地经营权转出意愿	正相关	正相关	显著

6.4.3　农地流转回归验证结果

综上所述，本书对回收的有效问卷和相关数据进行了统计分析与检验，结果表明，只有"文化程度""土地资源"与"家庭总收入"的统计结果均不显著，即假设H3、H8和H11不成立，其余统计结果均通过检验（见表6-17）。

表6-17　回归检验结果

变量	检验结果
性别(男)—农地经营权流转意愿	H1通过
文化程度—农地经营权流转意愿	H2通过
就业情况(非农产业)—农地经营权流转意愿	H3没通过
年龄—农地经营权流转意愿	H4通过
家庭人口—农地经营权流转意愿	H5通过
劳动力人口—农地经营权流转意愿	H6通过
劳动力资源—农地经营权流转意愿	H7通过
土地资源—农地经营权流转意愿	H8没通过
技术资源—农地经营权流转意愿	H9通过
机械化程度—农地经营权流转意愿	H10通过
家庭总收入—农地经营权流转意愿	H11没通过
农业土地收入—农地经营权流转意愿	H12通过
非农业收入—农地经营权流转意愿	H13通过

6.5　本章小结

本章以尊重农户意愿为基础，以提高农户土地经营权流转意愿为目标，从农户自身条件、当地自然条件、经济状况、规模经营、农业科技等方面，运用二元回归分析 Binary Logistic 模型实证研究了土地经营权流转意愿的影响因素。研究表明,性别、年龄、就业情况、家庭人口、劳动力人口、劳动力资源、技术资源、机械化程度、农业土地收入、非农业收入对农村土地经营权流转意愿有显著影响。该研究期望为解决农地流转所产生的问题提供数据支撑,使相关问题得以更好地解决。

7 国内外农村土地经营权流转的经验借鉴

本章通过对不同国家、不同地区农地流转实践的深入分析，从农地金融体系、土地经营权流转立法体系以及农地流转现状等方面进行对比研究，旨在为各地区农地流转实践提供经验借鉴。

7.1 国外农地经营权流转的实践

7.1.1 大陆法系国家农地经营权流转的实践

（1）德国农地流转的实践。

①土地贷款方式多样化。德国土地抵押贷款有两种方式。一种是合作社社员自主出售土地债券。土地抵押信用合作社的社员用自己拥有所有权的土地作为抵押品，向市场上的投资者发行土地债券。通过发行债券，农户可以直接获得资金，并将资金用于扩大农业生产。另一种方式是社员委托合作社或合作银行发售土地债券。借款农户向信用合作社提出贷款的申请并提交相关的证明文件，如土地所有权证书等。

信用合作社在收到贷款申请之后，对土地的价值等进行评估，最后综合贷款金额、期限等因素考虑后，与农户签订抵押合同。信用合作社或者合作银行在取得土地的抵押权之后，会以土地作为担保，在市场上发行土地债券。通过发行债券筹集的资金作为贷款的来源，发放给借款的农户，以协助他们进行农业生产。合作社或合作银行将借款农户的利息还给投资者，并用借款农户偿还的本金在市场上进行证券回购等投资，以保持市场的流动性（见图7-1）。

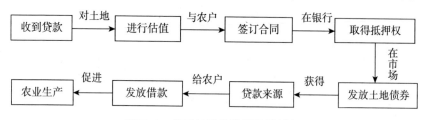

图7-1　信用社发放借款流转过程

②"三位一体"的运营模式。土地债券化是德国土地抵押贷款的重要特色，也是土地抵押信用合作社资金的重要来源。合作社凭借政府的担保在证券市场向社会发行债券。合作社社员可在证券市场上公开出售土地债券，也可委托合作社和合作银行发放。德国土地抵押贷款实施基本形成了合作社与合作银行、社会资金和贷款农户"三位一体"的运营模式（见图7-2）。

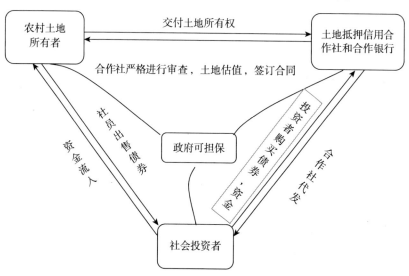

图7-2　德国土地抵押贷款运营模式

③发达的农地组织金融模式。土地抵押信用合作社纵向联合起来，组成若干个联合银行，这些联合银行的主要职责是协调各合作社之间的资金融通以及买卖合作社所发行的债券。目前，德国已经形成了以土地抵押信用合作社与联合银行为主体的农地金融体系（见图7-3）。

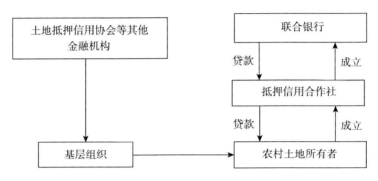

图7-3 德国的农地组织金融模式

德国的农地抵押制度不仅在早期有效抑制了农村高利贷的情况，更在近代成为促进农业经济发展的重要手段，其解决了农户的资金需求，使得农业的发展更加吸引农户，促进了农地流转的发展，特别是农地转入，同时也大大促进了土地改革

（2）法国农地流转的实践。

①农地产权结构调整的配套政策。法国是以小农经济为主的国家，土地碎片化严重，农业经营规模发展落后。针对碎化的小土地及部分生产效率不高的小土地经营单位（诸如农场规模太小、分散，农场主老龄化等）的状况，政府以改善农地细碎化和实现农场生产经营规模合理化为目标进行农地结构调整，取得明显成效。法国颁布3部"农业指导法"后，私有的碎片化土地逐渐集中了起来。通过成立土地整治和安置公司与中介机构来收购农户的碎片化土地（使用权），再将收购来的土地，以较优惠的价格卖给想扩大经营规模的农场

主，这样促进了土地使用的集中，扩大了农业生产的经营规模。政府对进行土地收购的农场主给予一定的税收优惠和补贴政策，与此同时，鼓励农民离开土地，对去工业、服务业等行业就业的提供一定的奖励（见图7-4）。

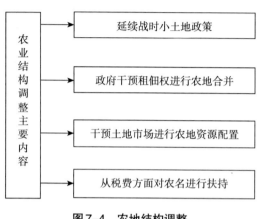

图7-4　农地结构调整

②农业经营主体的分化与突破。农业经营主体的分化与突破是法国改造传统农业、促进农业现代化的关键要素。法国政府在调整农地产权结构的同时，十分注重产权调整的配套政策，着力关注作为经营主体的农民的分化与突破，包括完善农民的社会保障，分化老年农民，促使其退出农地经营；通过青年农民的安置、职业农民的培育等措施使农民突破农业经营的不利因素，这些配套措施的主要目标是通过优化农业经营主体进一步实现劳动力与土地资源的优化配置。

首先，通过"引导＋补贴"的措施分化老年农民，鼓励他们退出农地经营。

其次，通过激励为主的优惠政策妥善安置青年农民。

最后，通过构建全方位的农业教育体系以培育职业农民。

经营主体分化策略见图7-5。

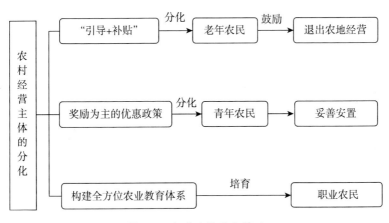

图7-5   经营主体分化策略

③注重土地经营权流转方式的多样化。法国具有多样化的土地经营权流转方式，通过转让、出租、抵押等形式，因地制宜，充分考虑农户的各种现实需求，加强土地经营权流转的量质协调，减少流转阻力，为农户提供了丰富的选择权利，进一步改进了农业发展方式，有利于现代化农业的长远发展。同时，法国政府也严格限制农地买卖违法行为。政府严格打击农村土地非农化倾向，坚持农地农用原则，成立专门的农地整治公司，限制农地买卖违法行为，严格落实农地买卖的限制制度，规范管理农地的使用，充分保证了农地的农业用途，有效地限制了社会资本的过度兼并，保护了现代农业的规模经营，也有效地保障了农民的合法权益。

④丰富的农地产权政策。法国农地产权政策不仅通过多元的方式促进农地经营规模的整合与扩大，还通过长期实践确立了合理规模经营的标准，推动适度规模经营，并在此基础上构建了农民社保、农业教育、农业生产合作等配套措施，优化了农业产业结构，促使法国农业从传统走向现代化。农地结构调整不单是农地扩大与农场规模的整合，更为重要的是地权调整的经济与社会效能。正是由于农地产权政策改变了法国乡村土地财富占有结构，增强了农业的吸引力与影响力，也推动了土地经营权流转和土地改革的发展。

7.1.2　英美法系国家农地经营权流转的实践

（1）英国农地流转实践。

①通过法律手段来促进土地经营权的流转。英国在农业方面采取了一系列保护措施。通过《农业法》的颁布及修订，英国保护了农耕地，允许土地进行流转，有利于个体农业经营规模的扩大，发展现代农业。对于主动放弃小农场的农户以及主动合并小农场的农户都给予一定的补贴或优惠，促进了农户土地经营权流转的积极性。颁布了一系列规制规范，来对该领域的一些细节方面的问题予以明确细化。正是在这一意义上，可以看到英国对于农地流转的重视程度。

②农产品补贴政策。英国政府为使英国农业尽快实现规模化生产，对于受让土地经营权的市场主体给予价格优惠，并对于积极移转土地经营权的权利人给予资金补贴。农户的农场规模越大，所获得的农产品补贴越多，这更加刺激了农场之间的合并扩张。但交易后的私有土地不可以改变用途，农地农用，这个原则在英国一直实行下去，有效地保护了英国的农地资源。这一具体做法，无疑会对其相关领域的健全起到了一定的积极作用。既提高了权利人的收入，又为该国这一领域的发展提供了丰厚的物质基础。

（2）美国农地流转实践。

①完善的农业信贷体系。结构成熟的农村土地金融体系为家庭农场模式的农业生产经营方式提供了充足的启动资金，降低了资金信贷成本，促进了美国农业经济的发展。成立于1933年的农业信用管理局，是全美农地金融的最高管理机构，其下属的土地银行部负责统管全美各农业信贷区的联邦土地银行。联邦土地银行的资金主要来源于政府拨款、发行土地债券，其核心业务是农地抵押贷款，贷款期限为5~40年；此外，还负责辖内的土地银行合作

社的推动工作。土地银行的组织形式是：上层采用银行体制，基层采用合作社体制。联邦土地银行体系是美国政府农业信贷体系的主要组成部分（见图7-6）。

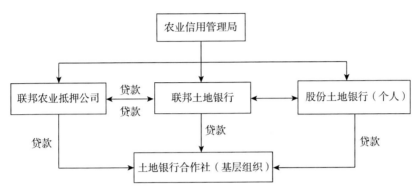

图7-6 美国的农地金融组织模式

②多方协作运营模式。第一，政府的主导作用。美国政府在联邦土地银行建立之初投入了大量的资金，用以支持农业规模化发展。在后续的几次农业金融危机中，美国政府也向土地银行不断注资，来保证农业发展。第二，土地债券化。土地银行的资金来源在早期主要是由联邦土地银行发行土地抵押债券，再用募集的资金向借款的农户发放贷款。后来由专门从事农业抵押的联邦农业抵押公司购买抵押贷款或者购买抵押贷款支持债券，向联邦土地银行提供资金支持。土地债券化的最大好处就在于解决了土地抵押权实现困难的问题。因为与土地相比，证券的流动性更强，流通也不受地域等因素的限制。第三，吸收股金，合作社向联邦银行缴纳贷款额5%的股金（见图7-7）。

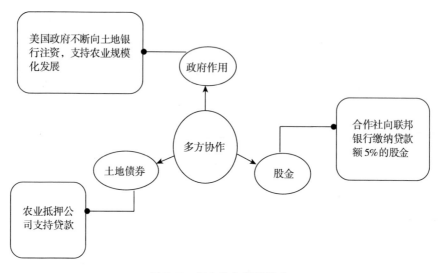

图7-7　多方协作运营模式

③完备的法律体系。美国农户拥有土地的所有权和处置权，对土地的使用、经营、抵押等，都是农户自己的权利，是法律规定不可侵犯的，国家和其他人都无权干涉。完善的法律制度体系，为美国农村土地抵押奠定了坚实基础。围绕农村土地抵押，美国出台了一系列法律，形成了一个比较完备的法律体系。例如，《农业信用法》《联邦农业抵押公司法》《联邦农业贷款法》等，这些法律制度，都是同农村土地相关的设计，构成了美国农村土地制度的基本框架，为农场主或农户进行土地抵押提供了法律支撑。另外，美国有关法律允许一些农村专业合作性质的组织采取公司化或者类公司化的组织形式，通过公司化的运作经营，实现该类组织对于土地等资源的优化使用，从而提升了农业生产力，增加了美国的粮食生产能力。美国还有一项制度值得各国借鉴，即该国承认相关利益主体利用土地的某些权利来作为融资工具，以不断扩大其价值，这一制度设计为美国大农场的持续发展运营，提供了充足的资金支持，也相应地减轻了该国政府的补贴支出，从而减少了该国的政府性支出，依靠法律的力量推动土地的流转。

④农村土地经营制度运行。家庭农场作为主要载体，主要通过租赁方式进

行流转。美国是一个移民国家，面积广大，而相对土地来说人口较少，人口素质高，生产效率高，物产丰富。移民背景使得美国民众不受封建思想束缚，崇尚自由经济，市场发达，土地经营权流转程度高。美国在土地经营权的流转上，更加强调市场机制的作用，即土地经营权流转的价格、方式、程序等方面，均按照市场机制作用的情形做出相应的调整，可以在一定程度上自由买卖、出租土地，土地经营权流转的市场化程度非常高。具体来说，该国在相关领域实践的实现手段、范围等方面较为宽泛。多样化的实现手段，能够有效促进该国的土地资源更快地集中于一些大农场主手中，从而为推动美国大农业的发展提供了充分的资源，有利于充分实现土地的增值，推动土地要素形成价格的速度，有助于美国农业的发展进步。

美国是一个法治国家，有关土地制度的农地产权边界清晰，且是建立在家庭农场制的土地所有制基础上，法律保障有力、社会稳定、土地私人所有权稳定、市场发达，依靠市场的力量就能推动土地的流转。美国家庭农场的特点见图7-8。

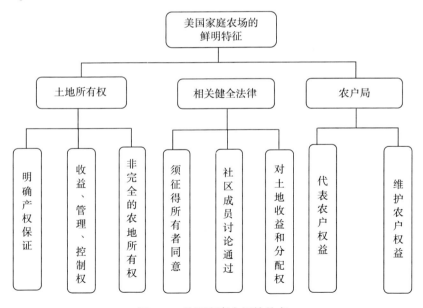

图7-8　美国家庭农场的特点

7.1.3　日本农村土地经营权流转的实践

为推进现代农业发展，自20世纪60年代以来，日本政府一直将土地经营权流转、扩大土地经营规模作为农地制度改革的目标。1970年后，日本逐渐建立起了以使用权流转为中心的农地制度，并在各个时期的税收、财政补贴、信贷等方面进行了大量投入。具体而言，日本政府通过制度改革、资金支持、组织建设等多种方式推动土地经营权流转。在制度改革层面，日本通过土地所有权与使用权的分离扩大土地经营规模，"耕者有其田"的自耕农制度逐步瓦解，农地产权制度和农业经营制度的重心转向农地使用权流转。在资金支持层面，2001年日本对养老金政策进行了根本性修改，为所有的农业经营者提供养老保险。2012年日本政府出台"地域农业基本计划"，为该计划投入了12亿日元。在组织建设层面，日本政府还通过设定集体使用权和给予一定的资金扶持，利用地方社会和村庄共同体的组织功能调整农地关系。具体的实践做法如下。

①隶属于农协的合作金融起主导作用。首先，农户作为土地所有者，向农业协同组合提出贷款的申请并提交相关的证明文件，然后将拥有所有权的土地出售或者出租给农协组合作为抵押。其次，农协组合将审核通过的土地抵押贷款材料上交给农林信用协同组合联合会，联合会在二次审核并批准之后，将材料上交给农林中央金库。最后，在农林中央金库审核完毕并批准之后，将贷款由农林中央金库发放给农林信用协同组合联合会（以下简称"农协组合"），再由联合会发放给农协组合，最终由农协组合将贷款交给借款农户。

②日本已创立了发达的合作金融，可为会员提供信用担保或长期低息贷款，政府给予诸多优惠政策。但是，这些合作金融本身并非独立的，而是隶属于农协。按照日本的行政区划，隶属于农协的合作金融机构被划分为三个不同

的层次：基层农协中的信用合作组织（基层农协）、都道府县的信用联合会（简称"信农联"）和中央的农林中央金库（简称"农林中金"）。普通农户入股加入基层农协，基层农协再入股加入"信农联"，"信农联"又入股加入"农林中金"。在发放农地抵押贷款时，先由"农林中金"将发放的贷款拨给"信农联"，"信农联"再将此笔贷款发放给基层农协，最后基层农协作为具体的经办者，将贷款转贷给农户。利用金融手段，增强农业方面的资金流通量，推动土地经营权流转的实践（见图7-9）。

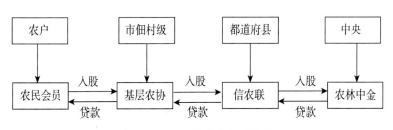

图7-9　日本的农地金融模式

③农地流转保险制度。该项制度旨在对农地流转后收入降低的人们予以保障。由于该国鼓励推行该制度保障资金的投资增值，从而有利于促进该资金储备的增加，从而增强保障的能力。这一制度解决了日本农民在移转永佃权后的生活保障问题，也间接支持了日本的土地经营权流转制度的推行，进而促进了日本农业的长足发展（见图7-10）。

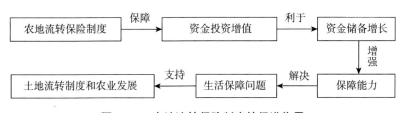

图7-10　农地流转保险制度的促进作用

④制定了较为全面的法律法规。《日本民法典》允许通过出租的形式转让永佃权；并允许所承租的永佃权通过融资贷款的形式实现资产利益，以推动日本农业进步。此处需要明确的一点是，上述规范中也从负面清单的视角，对流转的条件进行了一定程度的制约。表现为：第一，在应对流转关系人以外的主体主张权利时，该国承认登记要件主义，即永佃权的移转未在日本法律规定的部门进行登记，则在当事人以外的人主张相应的权利时，将会导致不利于双方当事人的后果出现。第二，依据日本相关法律规范的规定，永佃权的移转若采取赠予方式，必须得到权利人的承认，方能通过此方式顺利流转永佃权，而不会因为移转程序瑕疵，而导致移转后权利受限。第三，日本在永佃权的移转上，强调移转习惯的优先性，即移转的方式若与日常生活中的永佃权移转习惯有所抵触，则会排除适用上述的移转方式，而采用习惯方式（见表7-1）。

表7-1 日本相关农地法律法规

时间	法律名称	内容
二战后至1961年		不仅严格禁止法人进入直接的农业生产领域，还规定非农业生产者不得拥有农地
1970年	《农地改正法》	(1)提高农户购买或租地的最低数量标准； (2)允许由农户合作、合资组织起来的农业生产法人自由购买和租用农地； (3)取消对各种农业生产组织购买和租用土地面积的最高限制； (4)规定合作社可以经营社员委托的土地； (5)规定解除对土地租金的最高限制，限制减小； (6)取消原先农地委员会对土地出租的管制，并放宽对出租农户的面积限定，放宽对出租农户的资格的限定； (7)专门成立不以营利为目的农业土地管理公司，以方便农户之间土地的出让和出租
1993年	《农业经营基磐强化促进法》	(1)建立"认定农业生产者"制度，该制度是一套促进农地集聚和转移到专业农业生产单位的制度； (2)吸引年轻人从事农业，制定新农户进入农业的技术培训和管理计划； (3)鼓励其他经济主体发展和参与农地经营
2009年	《农地法》最新修订	取消特定法人租赁制度，企业自由租用经营农地开始合法化，但依然保留农业法人制度

7.2 国内农地经营权流转的实践

7.2.1 吉林省农地经营权流转的实践

吉林省地处东北三省中部，在中华人民共和国成立初期是国家重要的工业基地，吉林省同时是我国的农业大省，全国粮食主产区之一。就土地经营权流转在全国开展的进程来看，吉林省在开展土地经营权流转方面具有很大的先天优势（见表7-2）。

表7-2 吉林省农地流转先天优势

特点	主要内容
耕地条件好,适合发展规模性农业	吉林省地广人稀,人均耕地占有量位居我国前列,同时吉林省地势平坦,适合机械化农业大生产,耕地集中且肥沃,为土地经营权流转奠定了很好的自然条件基础
农村组织化基础较好,土地经营权流转参与主体多	吉林省种植、养殖业发展水平一直全国领先,专业化农场、生产合作社都初具规模,农村土地经营权流转,使得这些组织机构能够拥有更多的工人,同时也解决了农户的后顾之忧
农业技术水平高,为土地经营权流转后的规模经营创造了条件	东北地区是我国重工业集聚地,在农业机械化方面有着天然优势,这为大规模土地经营权流转奠定了技术基础,使得农业规模化有坚实的保障

①参与主体扩大，规模经营蓬勃发展。随着经济的发展，农业与非农产业的收入差距越来越大，出于家庭的经济压力，吉林省农村的主要劳动力从传统农业劳作，转到城市的工业、服务业等非农产业，以谋求更高的收入。由于缺少劳动力，许多农户将自己土地的经营权流转，这就促成了土地的集中与规模

化。土地经营权的流转最重要的结果是使得原本分散的土地变得相对集中，由于土地规模开始集中化、扩大化，不少地区成立了农村经济合作组织，也吸引了部分农业企业的加入，凭借企业的管理、技术支持以及规模化经营，突破所有权的限制之后，更有利于农业机械化的推广，有利于农业规模化运作，进而利用规模经济效应提升土地使用效率。更有利于提高土地的经济效益以及农产品的附加值。

吉林省作为农业大省，近年来加大对于农业的投入力度，特别是推出了发展"精品农业"的战略思想，推进农产品深加工，提升农产品附加值。主体参与的扩大化，说明了大家开始认识到土地经营权流转给他们带来的收益，更有利于农业现代化的推广（见图7-11）。

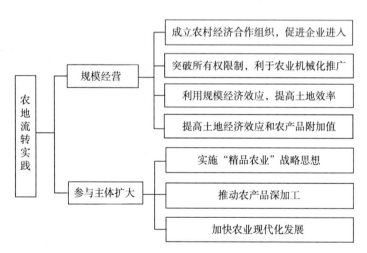

图7-11　规模经营与参与主体扩大对农地流转的促进作用

②农地流转政策完善，土地基本用途不变。吉林省政府出台了许多促进农业发展的政策，国家明确规定，土地经营权流转之后，流转后的土地不得改变其农耕地的性质，不得用于其他用途，这些政策促进了对土地规模化经营的需

求，加快了吉林省农村土地的经营权流转进程。

③农地金融两种模式的发展。吉林省农村金融通过土地收益保障贷款和土地承包经营权抵押贷款两种模式，解决了农民因缺少"抵押媒介"而贷款难的问题，农民只要出具合法土地凭证就可以获得金融支持，克服了以往难贷款的弊端。土地收益保障贷款是吉林省首创的农村土地金融新模式，由农村金融机构通过实地调研，根据土地收益确定贷款额度并发放贷款，若农民没有按照约定偿还，物权公司将土地进行转包，其转包费用偿还贷款，缺口由物权公司成立的基金进行填补，这一举措大大降低了农村金融信用风险。随着试点的不断成功与发展，农村金融也将延伸至农村的草场与林场。土地承包经营权抵押贷款由农业部规划，要求在保证原有土地属性不变的情况下，农民可将土地承包经营权和地上的附着物作为抵押获得贷款。土地承包经营权抵押贷款业务流程见图7-12。

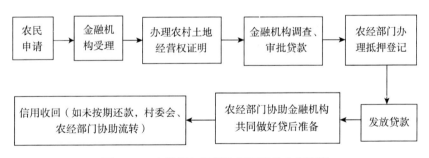

图7-12 土地承包经营权抵押贷款业务流程

④经营模式多样化。从吉林省土地经营权流转的情况看，经营主体主要有农业大户经营、家庭农场经营、农村合作社经营、农业龙头企业经营四种主要经营模式，见表7-3。

表7-3　吉林省农业经营模式

经营主体	农业大户	家庭农场	农村合作社	农业龙头企业
流转模式	农业大户(种植业或养殖业)承包集体土地以及通过土地经营权流转的其他农户土地	以家庭为单位,利用家庭原有的承包土地或通过土地经营权流转的土地	"农村合作社+农户"模式;农村合作社租赁经营模式;"股份+合作"模式	农业龙头企业带动发展农业专业化产品基地,承包集体土地或流转农民承地
特征	利用种植(养殖)经验或机械化优势,进行土地的规模经营	具有规模化、专业化、集约化的现代农业生产特色	模式多样化,适用于多种情况,灵活多变	从事农业专业化生产,进行产品深加工,提升产品附加值
作用	提高农业生产的专业性,集约化和标准化都得到提升,提高了农业生产的效率,进一步增加了农民的收入	符合农业生产发展规律的一个转变,成为我国现代农业生产发展的主要力量	既有利于管理,又节约了成本,提高了生产效率,促进了农民增收	具有雄厚资本的农业龙头企业在前期投入、运输和销售方面有一定的优势,使得"生产—销售"链条运转,提高生产效率

7.2.2　山东肥城市农地经营权流转的实践

山东省政府十分重视群众在促进农村土地经营权流转过程中的带头作用,积极培育典型,推广全市土地经营权流转工作。希望通过培养典型,总结经验教训,以群众来带动群众,通过感受身边的典型消除部分农民在心理上对土地经营权流转的抵触,促进山东农村土地经营权的流转。

(1)政府重视农地流转工作。

山东省肥城市委、市政府十分重视肥城市农村土地经营权的流转工作,遵从"流转形式多样化、运作方式市场化、实施程序合法化、流转合同规范化"的要求,多措并举推进和规范全市农村土地经营权的流转,主要措施包括:搭建土地经营权流转服务平台,提高土地经营权流转信息交流和服务水平,多种措施规范农村土地经营管理,培育典型,推广土地经营权流转。

肥城市为了加强全市范围内农村土地的流转规范化和服务化水平，以镇为单位设立土地经营权流转综合服务大厅，以各村委会为服务点，构建肥城市土地经营权流转服务网。农村土地经营权流转服务组织作为中介的交易平台，通过网上信息公布的形式，吸引农业经营大户或农业经济组织。所公布信息涵盖了土地类型、土地面积、土地使用权年限、土地经营权流转性质、价格等，而且对于所流转土地周围的道路交通情况、住房及机电设施的配套、耕作和灌溉情况等都给予了详细的说明。架起农村土地出让方和受让方之间沟通的桥梁，为土地经营权流转双方提供土地信息和法律咨询等服务，使双方可以站在信息完全的同一高度自由方便地进行土地转让，既能保障双方的权益，又能约束和规范交易双方的行为（见图7-13）。

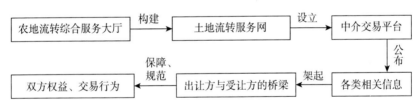

图7-13 搭建土地经营权流转服务平台传导机制

为了规范土地经营管理，实行土地经营权流转备案制，土地经营权流转资料信息需向相关单位报备。设立农村土地经营管理综合服务大厅，及时收集全市农村土地经营权流转信息并录入信息库。设立土地评估办公室，通过土地评估为土地的经营权流转提供参考价格。

（2）农地流转形式多样化，规模扩大化。

针对农村"人散""地散"这一现象，肥城有关部门坚持按照"因地制宜，大胆探索，形式多样，逐步规范"十六字方针的要求。除法律规定的转让、转包、租赁和互换四种流转方式外，对于入股、托管和互换等流转方式也有采纳。此外，肥城市多措并举，积极推进农村集体土地经营权的流转，积极纠正了土地经营权流转过程中出现的错误，使得多种土地经营权流转形式规范有序地进行，力求实现肥城市土地经营权流转规模的不断扩大，为实现由传统农业向规模化、市场化的现代农业生产格局的转变打好基础。

（3）优化生产要素资源配置，提高农民收入。

肥城市通过采取多种方式促进农村集体土地经营权的流转，使农村土地要素资源得到了一定程度的整合，实现了土地要素资源的优化配置和合理利用。通过促进农村集体土地经营权流转，不仅促进了农村土地要素资源的优化配置，还带动了与农业生产经营有关的其他生产要素如投入资金、劳动力、生产设备等的流动，更重要的是在流动的基础上实现了生产要素组合优化的。加快生产要素在城乡之间的流动有利于城乡优势互补，打开城乡协调发展的新局面。此外，农村种植效益低下的闲置土地也吸引了大批农业龙头企业、农村养殖大户。第二、第三产业部门通过土地经营权流转与农业部门合作，促进了农业部门的收入增加。与此同时，农村土地经营权流转并非仅仅将原本分散的土地整合到一起再进行原有的种植活动，土地的用途会由种粮向种植蔬菜、苗木、果树等多种方向转变，使得农业生产经营向集约化和规模化方向发展，并以此推动农业的产业化和商业化发展。

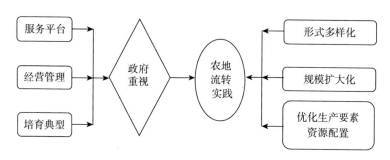

图7-14 肥城市农地流转实践

7.2.3　湖北大冶市农地经营权流转实践

近年来湖北省大冶市把土地经营权流转作为促进农村经济适度规模经营，推进农业产业化发展、土地增值、农民增收的大事。在全市开展土地经营权流转管理示范点，以点带面，规范土地经营权流转的程序、方法和步骤，引导农民提高土地经营权流转依法签订合同的自觉性，从根本上消除了土地纠纷的隐患。具体实践有以下几种。

（1）农地流转模式并驾齐驱。

湖北省大冶市存在多种土地经营权流转模式，并且各种模式都获得了长足发展。主要有分散流转模式、股份合作模式、返租倒包模式、土地托管模式、土地信托模式（见表7-4）。

表7-4　湖北省大冶市农地流转四种主要模式

主要模式	主要代表	形式	特点	性质	作用
分散流转模式		转包、转让、互换	分散性、自发性、广泛性	最广泛、最原始的流转模式	由于缺乏制度和规则上的约束，制约了土地的规模化经营，制约了土地利用效率
股份合作模式	瑞晟公司	农民将自己的土地入股到农业企业或合作社，农民作为股东，按股分红，利益共享，风险共担	灵活性、时效性	最普遍的土地经营权流转模式	有效地将零散土地归拢，实现规模经营管理，提升了农民收入水平，推动农村发展和农业经济的发展
返租倒包模式	梅红山庄	通过租赁形式集中到集体，将集中来的土地统一规划流转给具有先进管理水平和生产技术的企业或个人开展农业生产	生产经营上的规模化，以及农户/集体与市场的紧密结合	"二次流转"	实现统一运作，这就可以有效降低交易过程中的摩擦成本

主要模式	主要代表	形式	特点	性质	作用
土地托管模式	龙凤山庄	将不愿耕种或无能力耕种的土地委托给供销社等合作组织和种植大户代为耕种管理	集中投入较少的土地上，实现了农业规模化	土地托管模式具有独特的形式和明显的优势	"公司＋合作社＋基地＋农户"的经营模式已经形成，使越来越多的农民得到了实惠
土地信托模式	鑫东公司	农民将自己的土地委托给第三方的专业信托服务机构进行统一规划与受理，将开发经营的利润作为信托受益分配金交付给受益人	灵活性、时效性	推进农村土地"三权分置"改革和经营权流转	保持土地承包经营权不发生变化，交由专业人士管理，该模式是土地经营权流转的创新模式，虽然范围小，规模不大，但其影响和借鉴意义深远

（2）经营主体多元化，组织化程度高。

土地经营权流转最初以土地代耕或借用的形式出现，局限于邻里、宗族成员之间，带有浓厚的自发性；现在逐渐摆脱了较为局限的人群范围，在这一过程中群众向村委会提出申请，也会去镇级相关部门备案。从村民土地流出来看，很多村民不仅将土地经营权流转给其他村、其他镇的种粮专业户，甚至流转给外省的种粮大户耕种。除此之外，农民也会根据报酬等实际情况，与工商企业、政府部门签订土地经营权流转合同，脱离了过去单纯的农户与农户之间的流转。随着流转主体的多元化，根据主体需要所采取的流转方式也在呈多元化趋势发展，组织化程度也逐渐增强。

7.2.4　四川省达州市农地经营权流转实践

近年来，四川省达州市以盘活集体资产、发展集体经济、增加农民财产性收入为目标，着力构建归属清晰、权能完整、流转顺畅、保护严格的农村集体产权制度。经过多年探索实践，形成了农村集体产权制度改革路径，以及一套成熟的改革办法和配套机制，在农村经济薄弱地区具有很强的可操作性和推广价值。

（1）规范土地经营权流转的权利与义务。

探索农村"六权同确"办法，统筹推进农村产权登记、确权、颁证工作，加快推进农村土地承包经营权、农村集体土地所有权、农村集体建设用地使用权、农村房屋所有权、农村林权、农村小型水利工程所有权和农村集体资产股权等农村产权同步确权颁证，并统一制证下发。优先下发打印版的农村土地承包经营权证，为土地经营权流转打下基础。同时，制定完善相关配套政策和规范文本，明确双方权利义务，规范农村产权交易行为，引导、督促产权流转进场交易。

（2）探索开发农地流转模式。

①建立农村承包土地股份合作模式。以激发农民发展产业内生动力为目标，以改革农业经营制度为抓手，以家庭承包经营为基础，以农民自愿为前提，以"政府引导、农民主导"作为总体思路，突出优势产业和项目，积极开展农村股份合作制，实现农村生产经营组织的体制创新和机制创新。一是实现产品向商品的转变。充分挖掘本地优势农产品的市场价值，以广泛宣传为突破口，搭建农村专业合作社平台，抓住生产、加工、品牌培育、销售四大环节，结合网络营销实现产品向商品、实物形态向价值形态的转变。二是实现农民向股东的转变。通过入股的方式，将农民手中的土地经营权、闲余资金、劳动力、不动产等进行整合，资源变股权，通过分红方式增加收入。同时又解放劳动力，可继续从事其他工作，调整收入结构，增加农民财产性收入。三是实现分散向规模的转变。引进公司、企业，通过股份合作方式，与外界市场连接，逐步实现农村产业规模化、集约化、市场化。加快现代化进程，增强抵御市场风险的能力。主要方式有：土地股份合作、资金股份合作、物业股份合作、劳

务股份合作和技术、知识产权等其他股份合作。

②加快产村融合发展模式。按照"业兴、家富、人和、村美"的要求，创新新农村建设推进理念与方式，把新村聚居点和新农村综合体建设、旧村落改造提升、传统村庄院落民居保护作为基本方式，一、二、三产业互动相融，连片发展相对集中的规模化、专业化、标准化的优势特色产业基地，培育重点产业和拳头产品。实施新村建设"1+5"工程和村落改造"5+1"工程，并配以"微田园"，"1+6"村级公共服务中心功能完善，利用率高，改路、改水、改厕、改灶、改圈率达80%，生活垃圾收集率达100%，清洁能源普及率达80%，生产生活污水排放达标，生态良好，环境优美，村容整洁，充分体现耕读文明、田园风光、地域特色、乡村情趣、民俗风情。此外，达州市探索建立农村集体资产经营管理机制，鼓励和支持村级组织有效利用农村公共房屋、闲置资产、集体土地等发展集体经济，推进承包土地股权化、集体资产股份化、农村资源资本化。

（3）创新农地流转服务体系。

①创新农业社会化服务体系。激励农业科技人员创新创业。农业科技研究成果作价入股，农业科技人员带薪离岗创业或兼职兼薪。首先，科研院所和高等院校农业科技人员及在校大学生、研究生来达州市开展技术成果作价入股，有偿转让，创办农业园区（基地），组建科技咨询服务机构，开展科技服务（技术指导、技术推广、技术培训、技术咨询、技术研发、技术承包）等活动。其次，本地农业科技人员可独立兼并、合资或合作（技术成果入股）创办农业科技型企业、家庭农场、农民专业合作组织、种养殖产业示范基地，也可承包和租赁土地参与园艺、良种繁育、农副产品加工等科技型企业和经营实体。

②创新农村金融体系，为土地经营权流转发展产业提供资金支持。农村资金互助合作组织试点严格遵循"合作平等、封闭运行、服务三农、风险可控"的原则，坚持以服务社员，促进农业增效、农民增收和农村发展为宗旨，选取

运行规范、组织结构健全、有固定办公场所、带动能力强、产业发展好、连续三年盈利、社员经济基础好、合作社理事会成员信誉度高、资金需求旺盛的省级以上农民专业合作示范社为试点，组建农村资金互助合作社，向资金互助合作社成员发放贷款，为社员从银行融资提供担保，从银行融入资金，经监管机构核准吸收社员存款，购买国债，经监管机构核准的其他业务。

③大力发展农民合作社、专业协会、庄稼医院和农村社区综合服务社等基层服务组织，加快形成农业社会化综合服务平台，开展科技咨询、金融服务、文体娱乐、养老幼教、物业管理等服务，共同推进农村社会管理创新。达州市按照"联社牵头、企业主体、市场化运作"的原则，吸收社会资本，采取合作制、股份制、股份合作制等多种方式，重组改造基层社，盘活社有资产，激活业务经营，加强综合服务。引导农民社员参与基层社经营管理活动，建立股权分红、盈利返还机制，努力打造集自主经营主体、为农服务载体、合作经济组织联合体为一体的新型基层社。四川省达州市农地流转实践见图7-15。

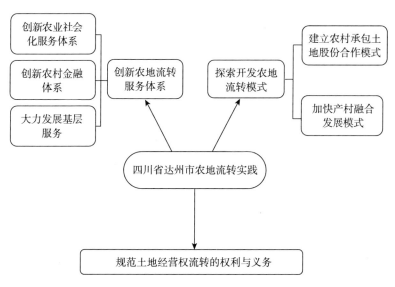

图7-15　四川省达州市农地流转实践

7.3 经验与启示

（1）修订现行法律，对农地金融进行专门立法。

扩展土地经营权的流转方式，允许一定权利的土地经营权流转方式。即法律对于这些方式的认可，是顺应当前的农业发展实际的。大陆法系国家由于土地大多具有国家属性，因而，在土地权利移转的方式上，规定的方式较少，目的就是确保土地按照国家的要求进行严格的使用。基于此，在土地权利移转的方式呈现多样化的特征，法律规定了种类繁多的移转方式，仅仅在一些条款中做出了必要的限制，除限制之外，全部可以作为土地权利移转的方式来采用。现阶段由于仍然面临较严峻的粮食生产压力，加之城镇化步伐的加快，使得越来越多的土地面临闲置的可能，这极大地影响了本就不高的粮食综合生产能力。因而可以说，该项实践不仅不能放松，而且应大力推进，在此基础上，逐步探索完善新的实现手段，以促进该制度的逐步落实。如适度探索推进土地经营权抵押，将政策规定逐步落到实处，以期充分利用现有土地存量，促进土地资源的高效利用。

（2）政府政策合理引导。

要"掌舵"农地流转方向，规避风险滋生。政府作为管理者，承担着管理农村土地经营权流转的职责，"掌舵"土地经营权流转主体方向，防范一系列风险。政府相关部门在实际工作中，应该注重主要方面，把握适度原则，让市场"无形之手"与政府"有形之手"相结合。

政府加强对出让土地经营权的农户的奖励，以及对扩大经营规模的农户的优惠政策，合理地引导土地经营权的流转。一是以增加再贷款、减免相关税费、进行利息补贴等方式鼓励涉农金融机构开办农地产权抵押融资业务。待条件成熟之后，适度放开土地债券。二是支持保险公司建立农地抵押的强制保险制度。由财政部门出资设立覆盖全国的农业信贷保险专项基金，同时由各农地抵押贷款的开办行按照贷款余额的1%~2%缴纳保险金，当地财政可提供一定比例的配套资金。三是建立相应的信贷援助机制。可采用财政部门入股、央行提供借款或再贴现、全国性银行间同业借款，以及债权适时买入机制等方式，协助开办农地抵押贷款的金融机构化解风险。四是可以效仿发达国家建立中介机构，构建统一的农村土地服务平台，以农地确权登记为基础，建立农地基础信息系统、价值评估系统、供需交易系统，完善信息系统，有效地促使土地经营权顺利流转。农地流转的核心原则是"农民以最合适的价格将土地经营权流转出去，经营者以最合适的价格流入土地，二者的交点实现帕累托最优，土地资源利用率达到最优"，也是政府"掌舵"工作的方向。土地经营权流转不仅需要追求效率，更要防范风险，这是建立高效流转机制的首要工作。

（3）积极推进农村建设用地流转制度改革。

农村土地经营权流转是时代的需要，随着我国城市化比例的逐年增加，对于加快工业化发展与城镇化步伐，具有非常重要的意义。近年来，农村建设用地不减反增，但城市化进程应该是一个科学集约地利用土地的过程。农村土地经营权流转要适合实际情况，与工业化和城镇化的进程相互促进，良性发展，农村土地经营权流转不要急于求成，寄希望于借助资本的力量，通过强制手段，人为地加快农地流转步伐。

对企业经营土地要做出严格限制。土地经营权流转要限制资本进入农业领域，严格审查企业经营资格，土地经营权流转主要限定在农户间进行，限制土地入股这种流转形式，严格限定企业作为土地受让主体的资格，防止土地入股变成农业经营的主要形式和因企业经营不善导致农户丧失土地承包经营权。要慎重对待和从严掌握土地入股，不能因为小规模入股效果一时表现较好就盲目地扩大入股的规模，不能因为农户短期利益的改善而放宽入股的条件。政府要保证农户在农业领域的就业空间和增收空间，对农户的长远生计负责，提高资本对于农村经济发展的良性作用。

（4）优化农地经营权的流转环境。

农村土地经营权流转追求规模经营，以实现农业向现代化转变，农业基础设施配套则是基础保障，也是必要条件。如何打通农业经营的最后"一公里"，让农业耕种更加便捷、高效，是一项重要的工作。特别是在传统农业地区，由于特殊的自然条件及后期发展迟缓，道路不通畅、农业灌溉设施不齐全、农业机械使用不便等现象，积习成疾，已经使广大农业经营者望而却步，被阻碍在农村土地经营权流转市场大门之外。政府相关管理部门应该根据实际情况，加大农业基础设施专项资金投入，创造优质的投资环境。同时，还应该加大与社会资本的合作，逐步改善农业基础设施建设迟滞于发展要求的现状，打通阻碍土地经营权流转的最后藩篱，创造一个利于发展的农业经营环境。

农民基本保障体系是让广大农民无忧无虑地将自己的土地经营权流转出去的前提。为了释放农村劳动力，推进规模经营，需要将农民手中的土地经营权流转到市场中，这就需要解决农民的后顾之忧，为其在土地经营权流转后提供生活保障。政府相关部门应该重点做好以下两个方面。一是构建农村人口就业扶持机制。土地经营权流转之后，保障农民的非农就业是完善保障体系的首要工作，不仅针对留守农村的农民，也包含进城务工的农民工，都是就业扶持的对象。二是完善农村基本养老保险体制。当前农村地区创建了新农合、新农保等保障措施，在一定程度上保障了农民的基本养老，但是并未能从根本上解决农民的养老问题，农民依旧将土地视为最后的"救命稻草"。对于愿意长久出让土地的农民，政府可以尝试通过个人缴纳、集体补贴和政府补助的方式，建立较为健全的养老体系，建全农村的社会保障体系，使农民老有所依、老有所养、老有所乐，降低对土地的依附，脱离"土地保障"这一观念。

7.4   本章小结

本章通过对典型国家农地经营权流转实践的详细分析，总结出了以下经验：德国的农村金融制度，采用土地抵押贷款的方式；法国注重农地产权结构的调整；美国充分将金融立法以及市场调节作用相结合；英国的"一优惠一补贴"形式；日本的法律制度保障，等等。结合我国吉林省、山东省和湖北省的典型地区的研究，发现我国目前农地流转主体逐步扩大，流转速度也呈现增长态势，但在农地立法保障与农村金融体系等方面仍旧有待提高，同时应加强社会保障体系，让农民解决后顾之忧，更好地加快土地经营权流转，实现农地规模化，采用机械化方式代替人力劳动，提高土地的生产效率。

8 个案研究：山西农村土地经营权 流转现状

近年来，随着经济的快速发展，山西省农村大量人口外出打工，导致农村闲置耕地数量逐年增多，所以当前最重要的任务是整合农村土地资源，优化资源配置，实行规模化经营模式，促进农业综合效益的提升，推动农业现代化的发展。因此，以山西省土地经营权流转为例，分析农村土地经营权流转现状及问题，这是破解当前农村土地零碎化难题和发展现代农业的必由之路。在全国土地经营权流转盛行的情况下，山西省如何在新形势下进一步做好农村土地经营权流转工作显得尤为重要。

8.1 山西省自然条件与社会经济状况

（一）自然条件

（1）地形地貌。

山西省地处华北西部的黄土高原东翼，地貌从总体来看是一个被黄土广泛覆盖的山地和平原，也常被称为"山西高原"。整个轮廓略呈由东北斜向西南的平行四边形。山西省地貌类型复杂多样，有山地、丘陵、高原、盆地等，其中山地、丘陵占80%，高原、盆地等平川河谷占20%。大部分地区海拔在

1000米以上,与其东部华北大平原相对比,呈现为强烈的隆起形势,境域地势高低起伏异常显著。在各种地貌类型中,平原区的土地利用程度较高,为建设粮食生产基地、实行规模化经营提供了有利条件;而山地和丘陵面积虽大,也有发展多种经营的潜力,但目前利用程度较低。

(2)气候特征。

山西省地处中纬度内陆地区,属于温带大陆性季风气候,春季干燥多风,气温逐渐升高;夏季暖热多雨;秋季降温迅速,降雨偏多;冬季寒冷干燥。由于受太阳辐射、季风环流等地理因素的影响,山西四季分明、雨热同期、光照充足、南北气候差异显著、冬夏气温悬殊、昼夜温差大。山西省各地年平均气温介于3.7~13.8℃,气温日较差在10℃以上。山西省年均日照时数为2200~2900小时,年光能总辐射量2000~4600千卡/厘米²。由此可见,山西省光能资源丰富,气温日较差大,积温有效性高,大大提高了农作物的品质。由于山西省身居内陆,水资源总量较少且类型单一,省内各地级市降水量分布不均,忻州、吕梁、临汾降水偏多,太原和阳泉降水较少,水资源缺乏、水热资源时空分布不协调也是农业资源发展的主要限制因素之一,在很大程度上也制约了农地流转的顺利实施(见表8-1)。

表8-1 2017年山西省水资源总量

单位:亿立方米

地区	水资源总量	地表水资源量	地下水资源量	重复计算量	年降水量
全省	93.95	53.83	86.39	46.27	751.06
太原市	4.27	1.32	4.44	1.50	31.07
大同市	7.31	3.75	5.86	2.30	65.86
阳泉市	2.93	3.53	2.84	3.44	25.13
长治市	9.32	5.78	7.96	4.41	69.83
晋城市	9.99	7.22	8.93	6.16	51.29

地区	水资源总量	地表水资源量	地下水资源量	重复计算量	年降水量
朔州市	5.03	1.80	4.85	1.62	45.92
晋中市	9.53	5.82	8.20	4.49	82.20
运城市	11.70	4.36	10.55	3.21	77.00
忻州市	14.20	6.79	13.67	6.26	121.39
临汾市	8.17	5.75	8.88	6.45	87.26
吕梁市	11.51	7.71	10.21	6.41	94.10

数据来源：山西省统计年鉴。

（3）土地资源状况。

山西省土地约占全国总面积的1.634%，在全国各省（自治区、直辖市）中排列第19位。土地主要由未利用土地、耕地、林地组成，三类土地面积之和占全省土地总面积的86.0%，其他五大类仅占14.0%。其中未利用土地面积最大，占山西省土地总面积的32.1%；其次是耕地，占山西省土地总面积的30.6%；最后是林地，占总面积的23.3%。山西省农业用地中，耕地面积比重大，并且耕地面积也在逐年增加，见表8-2。园地、林地、牧草地比重小。全省农业用地面积14190.4万亩，耕地面积为7205.5万亩，占土地总面积的50.78%。切实保护耕地，合理调整农业内部结构，对于山西经济的发展具有重大意义。

表8-2　主要年份耕地情况

单位：×10^3公顷

年份	耕地总资源
1978	3923.41
1980	3921.46
1985	3761.09
1990	3692.51

续表

年份	耕地总资源
1995	3645.09
2000	4341.94
2005	3793.19
2010	4064.18
2011	4064.51
2012	4064.19
2013	4061.73
2014	4056.84
2015	4058.79
2016	4060.80
2017	4062.39
2018	—

数据来源:山西省统计年鉴,2018年数据暂未公布。

近年来,山西省农业总产值总体呈上升趋势,其中运城市、临汾市的农业产值位居前列,而阳泉市、晋城市农业产值较少(见表8-3)。农业是经济发展的基础,但在城镇化的过程中,农民进城打工,导致越来越多的农村土地闲置,出现了无人耕种的局面,所以解决农村土地经营权流转成为经济发展的首要问题。山西省要着力实现土地经营权流转,实现规模化经营,推动农业朝着机械化、现代化方向发展,提高粮食产量,为本省经济发展提供强有力的保障。

表8-3 山西省各地级市近年农业总产值

单位:万元

地区	2010年	2011年	2012年	2013年	2014年	2016年	2017年
山西省	6689937	7671421	8474140	8969048	9673975	9252241	9383298

续表

地区	2010年	2011年	2012年	2013年	2014年	2016年	2017年
太原市	336794	379376	404721	421325	441779	443198	445130
大同市	315003	374641	417303	481943	491773	458731	462425
阳泉市	71850	89210	105054	114026	119870	102311	108531
长治市	452422	540883	597959	621094	673524	687019	691465
晋城市	272267	294024	348330	349182	340041	362095	371098
朔州市	377919	467572	568163	690891	697806	530814	561940
晋中市	664885	752106	861970	1000241	1143411	1184935	1205721
运城市	1892126	2206250	2556338	2868516	3126927	3206391	3220643
忻州市	465090	500020	563410	630054	661528	579478	609539
临汾市	807257	931853	1036212	1124902	1314983	1217669	1227905
吕梁市	480402	505995	581009	666874	662333	479600	478901

（二）社会经济条件

山西省位于中部地带，距华北经济中心京、津、唐地区以及经济发达的东部沿海地区较近，以其能源和原材料优势支援着东部的发展，也有力地支援了大西北的开发建设，起着承东启西的作用。

多年来，山西省充分发挥转型综改的战略牵引作用，聚焦"示范区""排头兵"和"新高地"三大目标，坚定不移地推进供给侧结构性改革，深入实施创新驱动、转型升级战略。2017年，全省经济呈现出持续加快、稳步向好、好中提质的发展态势，经济运行的质量和效益不断提升，经济发展由"疲"转"兴"，经济增长步入合理区间，经济转型发展活力潜力开始释放，经济总量再上新台阶，发展质量不断提高。

2017年，山西省地区生产总值达15528.4亿元，比2016年增加2538.5亿元,为改革开放以来年度GDP增量最大的一年;人均地区生产总值达42060元,比2016年增长18.9%。山西经济发展质量不断提高,工业和服务业成为支撑全省经济运行的重要产业。工业战略性新兴产业和高技术产业较快增长,现代服务业、新型服务业快速发展,山西经济结构调整在新时代步入新征程。经济的快速发展带动了全省劳动力在第一、第二、第三产业之间的流动,但也使农村出现了大量的荒地,故解决农村土地经营权流转问题迫在眉睫。

8.2   山西省农村土地经营权流转现状

(1)土地经营权流转规模虽然逐渐扩大,但总体还是偏小。

随着农村产业结构的调整和农村劳动力向第二、第三产业的转移,农村土地经营权流转规模呈逐年扩大的趋势。2005年以来,山西省农村土地经营权流转面积不断增加,规模化发展趋势已经形成。据农业部统计数据显示,截至2016年6月底,全国承包耕地流转面积达到4.6亿亩,超过承包耕地总面积的1/3,在一些东部沿海地区,流转比例已经超过1/2。2017年,山西省家庭承包经营耕地面积4800多万亩,其中发生流转的面积达684万亩,占14%。由此可见,2010—2017年,农村土地经营权流转面积在逐年以一定比例增加,增幅均超过10%,尤其是在2008—2009年,土地经营权流转面积大幅度增加(图8-1)。而江苏省截至2017年年底,全省家庭承包耕地流转总面积达3450万亩,占农户家庭承包地总面积的64%(见图8-2)。通过比较可得,山西省虽然土地经营权流转面积在逐年增长,但相比于其他省来说,农地流转规模仍然偏小,甚至不及江苏省的一半,所以本省应该加大鼓励农民进行土地经营权流转的力度,并制定相应的政策予以支持,提高农民进行土地经营权流转的积极性,实现农业的规模化发展。

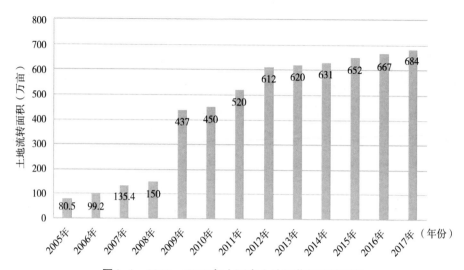

图8-1 2005—2017年山西省土地经营权流转面积

资料来源：根据文献整理和计算获得。

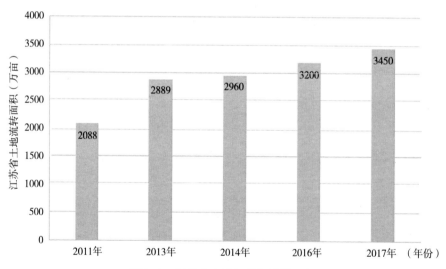

图8-2 江苏省土地经营权流转面积

资料来源：数据来源于文献及计算，部分数据缺失且无法计算得到。

（2）山西省内各地级市土地经营权流转存在差异。

由于各地区自然环境、经济发展状况、社会保障水平等因素的不同，必然会造成土地经营权流转在省内分布不均。例如，山西省中部地区为盆地，地势平坦、土壤肥沃，适宜进行农业耕种，是山西省主要的农业产区，主要包括大同市、太原市、晋中市和运城市。中部地区因其得天独厚的天然优势，流转规模也比其他地区高。而吕梁山脉和太行山脉受地形的限制，只适合进行小规模农业生产，且所种的粮食作物种类也受到了限制。所以，大同、运城、太原、晋中、吕梁及朔州土地经营权流转的面积各不相同，运城市土地经营权流转面积达到204.6万亩；而阳泉市最少，只有20万亩。当然，这也造成了土地经营权流转比例存在很大差异，晋中市土地经营权流转比例达到27%，而忻州市只有10.5%（见图8-3）。由此可见，山西省内各地级市土地经营权流转发展存在很大差异，土地经营权流转率高的地区也没有形成一个连续的区域，都是在各自的小区域内，总体来看较分散。这在一定程度上限制了山西省整体的土地经营权流转，使地区农业规模化发展不平衡。

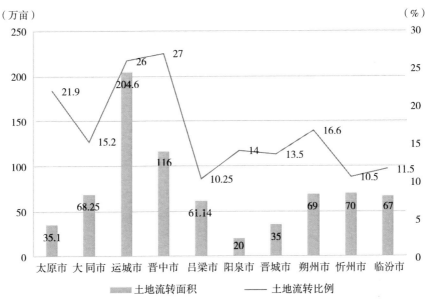

图8-3 山西省各地级市土地经营权流转面积及流转比例

（3）土地经营权流转形式多样化。

各地级市农村土地经营权流转形式由早期的代耕、无偿转包、倒贴转包等形式逐步转向有偿转包、租赁、互换、土地入股、委托流转、股份制等多种形式。其中，转包、出租、互换三者所占比例最大，是山西省农地流转的主要模式。例如，大同市以转包方式共流转土地40.95万亩，占流转总面积的60%；以出租方式共流转土地12.45万亩，占流转总面积的18%；以互换方式流转土地10.95万亩，占流转总面积的16.1%，三种模式一共占比85.1%。运城市以转包方式流转土地占比53.40%，出租方式占比16.10%，互换方式占比20.60%，三种模式一共占比90.1%（见表8-4、图8-4）。

表8-4　山西省各地级市农地流转状况　　　　　　　　　单位：%

	转包	转让	租赁	互换	入股	委托流转	其他方式
太原市	20.00	—	16.00	15.00	—	—	40.00
大同市	60.00	—	18.00	16.10	—	—	—
阳泉市	23.08	23.60	13.00	3.24	2.19	9.70	25.19
长治市	19.83	4.70	35.90	18.92	4.96	5.47	10.22
晋城市	39.00	4.00	39.00	7.00	2.00	2.00	7.00
朔州市	26.14	7.34	35.00	5.10	9.07	—	17.35
晋中市	23.38	8.50	19.93	9.35	9.02	—	29.82
运城市	53.40	3.00	16.10	20.60	3.60	—	3.30
忻州市	43.70	18.78	2.53	3.80	—	—	31.19
临汾市	52.80	5.80	20.00	13.40	8.00	—	6.40
吕梁市	—	—	—	—	—	—	—

数据来源：中国农经信息网、中国乡村网、各地级市政府信息网等网站，以及山西省统计年鉴、山西省农业年鉴，2017。

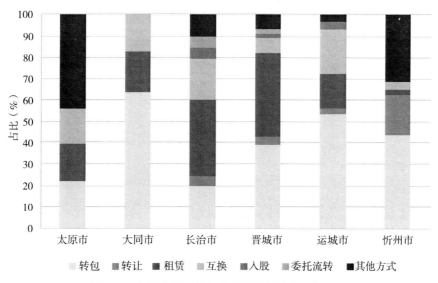

图8-4　山西省部分地级市农地流转模式比例比较

不同的土地经营权流转模式对土地经营权流转有不同的效果,股份制属于市场化程度比较高的模式,会减少土地经营权流转过程中的交易费用,降低交易成本,有利于土地经营权流转的发展。而山西省属于内陆省份,没有建立起完善的土地经营权流转市场,因而大部分还是采用最原始的土地经营权流转模式。所以在进行土地经营权流转的过程中,应注重多种模式的发展,鼓励股份制的适用,从而促进山西省土地经营权流转制度的发展。

(4)土地经营权流转流向向多元化方向发展。

土地经营权流转中,一些原来的农业专业大户扩大了经营规模,新的专业大户不断涌现,同时专业合作社和科技人员等成为租赁农户承包土地、投资经营农业、发展规模经营的一股新生力量。山西省土地经营权流转流向包括农户、专业合作社、企业及其他。

近年来,随着土地经营权流转的发展,出现了家庭农场等规模经营模式,农户土地开始向企业和农村专业合作社流转。然而从全省总体情况来看,山西省土地经营权流转流向仍然以农户为主。2017年，大同市全部流转土地中流转入农户的面积为46万亩，占流转总面积的65.6%；有16.9万亩土地经营权流转入农民合作社，所占比重为23%；8.01万亩土地经营权流转入企业，占流转总面积的11.4%。运城市全部流转土地中，转入农户经营的面积近140万亩，占比68%，转入合作社的土地为36.82万亩，占比18%；另外还有10%转入了企业进行经营（见图8-5）。

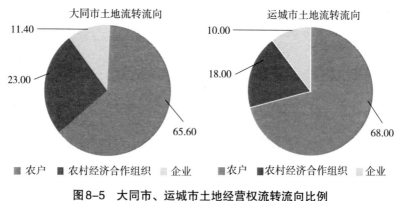

图8-5 大同市、运城市土地经营权流转流向比例

由以上分析可知，山西省的土地经营权流转主要是流向农户。随着经济的发展，土地经营权流转市场化程度逐渐加深，土地经营权流转流向会慢慢向企业和专业合作社转化。山西省目前土地经营权流转流向是符合山西省实际的，但在一定程度上也阻碍了山西省土地经营权流转市场化发展。

（5）土地经营权流转效益明显提高。

土地经营权流转对于转出土地的承包户来说，不仅可以拥有长期稳定的土地经营权流转收益，还能外出打工，增加劳务收入；对于转入土地的经营户来说，通过土地资源有效整合，有力地推动了农业规模经营，提高了土地产出率，增加了农业收入。以应县一山村为例，在实行土地经营权流转后，集中连片发展蔬菜、玉米、小杂粮种植，一举解决了困扰当地多年的土地撂荒问题。

2017年拿土地入股的社员每户每股收入达2万多元，占家庭年纯收入的四分之一。这些原来由农户分散经营的土地，通过转包、出租、互换、股份合作、转让等形式流转到合作社、大户、企业后，效益成倍提升。市场配置作用的增强也是山西省土地经营权流转的一大效益。

8.3 山西省土地经营权流转中存在的问题

农村土地经营权流转制度是否完善，是否符合当前农村发展现状，是当前现代农业快速发展中亟须解决的问题之一。山西省作为农业大省，几十年的农地流转为全省农村经济繁荣带来了新的活力和机会，农业经营日益规模化，土地变得更有价值。农村土地经营权流转问题直接关系到农民的切身利益及农村改革稳定，是市场化、产业化、集约化的必经之路。在山西省土地经营权流转的实践和探索中，山西从本地实际出发，采取积极有效的措施，取得一定的成效，但也存在一些问题。若能真正使土地经营权流转问题得以解决，山西省的农村土地经营权流转才能稳步进行。

（1）农民对土地经营权流转的思想认识混乱，社保制度不健全。

山西省地处内陆，整体经济发展水平低，大部分农村主要依靠第一产业，第二、三产业不发达，农民进行土地经营权流转的积极性不高。由于农民在生产中受到传统小农经济思想的极大影响，对于自有土地具有极强的保护性及依赖性。大部分农户始终认为，土地是农村特有的资源，离开了土地就离开了生活的基础，除非是找到了稳定的经济收入来源，不然即使不耕种也不愿意放弃土地，认为一旦流转土地在将来回村后会失去生活保障，他们把承包地看作"活命田""保险田"，农户对土地流失造成的心理影响，在客观上造成了土地经营权流转供应不足，制约着土地规模化经营，影响农村经济的发展。随着征地拆迁和城市化的推进，使农民看到了土地更大的潜在效益，在一定程度上影响了农户土地经营权流转的积极性。各级干部对土地经营权流转工作认识不到位，部分村干部认为土地经营权流转是农户自己的事，应由农户和业主自由协商，对通过土地承包经营权流转实行适度规模经营尚未引起足够的重视，引导不力，服务滞后，使一些地方土地经营权流转处于农户之间自发流转状态，不能及时有效地为土地流出农户和土地流入农户提供有效服务。

由于山西省农村人口较多，大多数农民把土地视作生活的经济来源，土地在保证村民收入的同时也可解决部分村民就业难等问题，并且农村土地所有者能够依靠土地获取相应的社会保障补贴。但是社会保障制度还存在着不足之处。例如，政府所发放的有关土地的社保资金并没有如实落实在农民手中，甚至部分地区存在村干部轻微克扣的情况；由于土地存在部分社会保障功能，在城乡差距较大的农村，大多数农民对土地经营权流转制度并不了解，所以对土地经营权流转的积极性也大打折扣；并且由于在地方政府的财政方面还存有部分限制性因素，因此导致失地农民的权益没有得到充分的保障。因为在土地经营权流转中还存在着这些情况，从而使土地经营权流转更加困难。

（2）土地经营权流转的程序还需规范。

根据《农村土地承包法》第三十七条："土地承包经营权采取转包、出租、互换、转让或者其他方式流转，当事人双方应当签订书面合同，且应该到村集体组织备案"。但是在现实生活中，农村土地经营权流转绝大部分是在亲戚、朋友或相互关系较好的村民之间私下流转，流转规模小，双方不签订书面合同，绝大多数都只是口头协议，也不向发包方登记备案，土地经营权流转随意性大，流转程序不到位，导致双方责权利不明确，农村土地纠纷时常发生且调解困难。有的虽然签订了书面合同，但形式不规范，权利、义务关系约定不明确，容易产生纠纷；有的土地经多次流转，导致中间存在"断档"现象；有的土地经营权流转后改变土地用途，导致纠纷发生。据有关部门统计，2017年山西全省市、县农经部门和县仲裁委员会受理土地承包经营纠纷2860余件，比2016年增加2.1%。其中，土地承包纠纷占62.3%，土地经营权流转纠纷占36.5%，其他纠纷占2.2%。这些由于流转不规范而引发的纠纷都将成为影响农村社会稳定的隐患。

（3）土地经营权流转机制有待进一步完善。

山西各地受地理和自然环境的限制，部分农村发展连片土地较少，不利于农业的规模化、机械化生产。而且山西省农村土地经营权流转的中介组织和租赁市场等土地经营权流转服务组织缺乏。乡村土地经营权流转基本没有形成统一规范的市场，中介组织匮乏，供需双方的信息不能及时沟通。多方式、多途径、多形式的土地经营权流转机制，还处在不断的试点探索阶段，仍需进一步完善。

山西省119个县中，设立县级土地经营权流转服务组织的有50个，占42%；设立乡镇土地经营权流转服务组织的有573个，占乡镇总数的47.9%；其中专职人员614人，平均每个乡镇才配备1名专职人员，且长治市相对于其他地级市来说，服务组织较为完善，但还需要进一步健全（见表8-5）。一些地方，农村土地经营权流转基本没有形成统一规范的市场，中介组织匮乏，导致土地经营权流转信息渠道不畅，往往出现农户有转出土地的意向，却找不到合适的受让方，而需要土地的人又找不到中意的出让者，形成了供需双方矛盾，影响到土地资源的合理流动和优化配置，造成农村土地资源利用效率低下，这就制约了土地经营权流转。所以，为了促进土地的进一步流转，需要解决土地经营权流转的障碍，不断完善土地经营权流转服务机构，做到流转渠道的通畅，方便出让方和受让方及时沟通，提高土地经营权流转效率。

山西省设立县级仲裁委员会的有72个，占全省119个县的60%，仲裁委员会专职人员只有181名，平均每个仲裁委员会只有2名专职人员，长治市、晋中市、临汾市仲裁机构相对于其他地级市来说比较健全，太原市、晋城市、朔州市的仲裁机构相对匮乏（见表8-6）。为此，山西省应建立健全仲裁机构匮乏地级市的机构建立，进一步推进土地经营权流转。目前一些地方少数纠纷能够通过仲裁解决，大量纠纷则是农经部门通过信访渠道对当事人进行协商、调解解决。在土地经营权流转过程中因合同不规范导致的违法行为得不到及时有效的解决，阻碍了农村土地经营权流转，从而对农村经济发展造成了消极影响。此外，仲裁委员会中调解仲裁的日常工作人员除承担农村土地承包管理及纠纷调解仲裁的工作外，还承担监督管理、农村财务管理与审计、农民专业合作社指导、农村经济收入统计等工作。因此，降低了土地经营权流转纠纷仲裁的效率，也在一定程度上减慢了土地经营权流转的步伐。

表8-5　土地经营权流转服务组织情况

市别	县级土地经营权流转服务组织个数(个)			乡(镇)级土地经营权流转服务组织个数(个)	专职人员数(人)
	合计	依托农经部门设立的	单独设立的		
太原市	1	0	1	1	2
阳泉市	0	0	0	3	3
晋城市	1	1	0	2	5
朔州市	0	0	0	10	13
吕梁市	1	1	0	26	7
大同市	5	4	1	58	88
长治市	13	12	1	113	86
忻州市	2	1	1	33	47
晋中市	6	6	0	97	122
临汾市	8	7	1	77	102
运城市	13	13	0	153	139
合计	50	45	5	573	614

数据来源：山西省农业厅经管局，2017。

表8-6 2017年山西省农村土地承包经营仲裁机构

市别	县级仲裁委员会数(个)	仲裁委员会人数(人)	其中专职人员数(人)
太原市	1	13	1
大同市	5	50	16
阳泉市	3	21	0
长治市	13	128	24
晋城市	2	12	5
朔州市	2	11	11
忻州市	6	83	9
吕梁市	9	51	18
晋中市	11	145	34
临汾市	13	155	38
运城市	7	60	25
合计	72	729	181

数据来源:山西省农业厅经管局。

(4)土地股份合作社缺乏明确的法律地位。

在部分地区推行农村土地股份合作制的过程中,普遍以村为单位,建立了相应的土地股份合作社。这种机构与村委会同地点办公。从组织形式上,土地股份合作社类似于股份公司,有股东、董事会以及经理人员等,但实际上是不具备股份公司法律资格的。从行政机构职能上,它具有行政性,但又不是政府行政管理部门,不具有行政管理职能。再从社会服务机构职能上,由于它具有股东、股份,与社会服务机构有很大不同。因此,从我国现行的法律法规来看,土地股份合作社缺乏明确的法律地位。鉴于此,山西省应该在法律法规层面明确土地股份合作社的地位与职能,发挥其积极作用,促进土地经营权流转、规模经营、新型职业农民等新生事物的出现,逐渐改变农村面貌,推动传统农业向现代农业转变。

（5）流转土地稳定性较差，存在假流转现象。

由于农户间存在的土地经营权流转关系不稳定、不确定，使土地经营者难以进行大规模的、长期的投资，不能建立稳固的生产、销售网络。此外，经济波动会造成大量中小企业生产经营困难，使部分进城农民工返乡索要原有的土地，影响土地经营者的生产经营。另外，有些农村为了完成上级政府规定的土地经营权流转的任务，进行了假流转。一个农户将土地经营权流转给另一个农户，而这个农户又将流转过的土地再流转到原来的农户手中，这样就造成了一个流转假象，使土地经营权流转的面积增加。这实际上是土地之间的交换，而不是流转，且交换的是同一块土地。这严重地阻碍了土地经营权流转的进程。

（6）农民的合法权益受到侵害。

山西省土地转出农户权利受到了一定的侵害，主要包括以下几个方面。第一，在土地经营权流转过程中签订的合同不规范，甚至出现了遗漏等情况，这样当农民权益受到侵害时，该合同不能在法律上保护农民的合法权益，于是，有许多基层干部随意对合同内容进行变更或者收回流转出去的土地；一些基层政府，以农业产业化等为理由，强迫农民转出土地，这对农民的合法权益也是一种侵害。第二，一些基层政府在吸引投资的过程中，用低价土地招商引资，并强迫农民将土地进行流转，这同样侵害了农民的合法权益。

上述这些问题都严重阻碍了山西省的农村土地经营权流转，不利于本省土地实行规模化经营，降低了土地资源的配置效率，也限制了山西省农村经济的发展。所以，政府要加大支持土地经营权流转的力度，为本省经济的发展奠定基础，为缩小城乡差距、实现共同富裕提供物质保障。

8.4 本章小结

山西省是我国的农业大省,近年来,经济快速发展,第二、第三产业在国民生产总值中所占比例越来越大,所以农村大量人口流入第二、三产业,导致农村闲置土地数量逐年增多;而且家庭联产承包经营带来的土地经营规模细碎化、分散化使山西省农业现代化、专业化、商品化、规模化受到阻碍。尽管山西省农地经营权流转经过几十年的实践和探索,采取了有效的措施,也取得了一定的成效,但同时也存在一些问题。若能真正使土地经营权流转问题得以解决,山西省的农村土地经营权流转才能稳步进行。

9 推进农村土地经营权流转的对策建议

土地在未来相当长的时间内仍然是农民最基本的生存保障，土地经营权流转进程不可能一步到位，必然要经历循序渐进的过程。在这个过程中如何解决各方面的矛盾和问题，进一步提高农民的生活水平，增加农民的收入，促进农村的发展，是亟待解决的问题。

农村土地经营权的流转符合社会经济发展的需要，具有其存在的重要意义。尽管土地经营权流转的过程中遇到了诸多困难，但是总体形势还是积极向好的。我们应坚持依法、自愿、有偿的基本原则，严格按照法律政策进行土地经营权的流转，使流转能够有效顺利地进行。对于土地经营权流转过程中所有权主体不清、法律保障不完善等问题，应该采取积极的措施进行解决，明确土地所有权的主体、规范法律法规、完善保护制度、建立健全市场机制，真正从农民权益出发，优化土地资源的配置，从而不断提高农村土地经营权流转水平。

9.1 加强政策的宏观调控

（1）制定农村土地经营权流转的专项法律。

第一，要明晰产权，完善法律法规。完善农村土地所有权主体的立法定位。土地经营权流转或交易的前提是土地所有权要有明确的归属。农村土地所有权主体的虚置，容易使农户的合法权益遭受其他利益主体的侵害。由于农户普遍缺乏法律知识，导致农户对农村土地所有权主体缺乏准确的认识，有的农户认为乡镇集体、村组集体都是农村土地的所有者。这种现实中的农民认识与法律规定的差异使得土地经营权流转稳定性不强、效率不高。此外，作为特别法的《土地管理法》和《农村土地承包法》，与作为普通法的《物权法》之间的法律规定冲突应该在立法技术上得到完善，使得各法在土地所有主体和管理主体规定上相一致。目前我国缺乏土地经营权流转方面的法规，使土地经营权流转在具体操作过程中变得无法可依。对土地有偿使用制度、土地用途变更等敏感问题都没有明确具体的法律规定，应该就当前土地经营权流转中出现的一系列问题有针对性地制定法律规定及其司法解释，以解决土地经营权流转过程中因法律缺失而带来的损失。

第二，要合理搭建规范的流转平台。加大政策扶持力度，建立健全土地经营权流转服务机制。一是要加大政策扶持力度。政府应尽快研究出适合本区域内农村土地承包经营权流转的管理办法，尽快出台扶持农村土地经营权流转、招商引资的政策措施，指导完善区、镇、村、组四级土地经营权流转管理网络，要高度重视农村土地经营权流转的政策研究、方案制订和业务指导工作。要联合金融机构，对农业合作经济组织或农业企业涉农项目资金的银行贷款给予贴息补贴；对经营和销售达到一定规模的农业合作经济组织或农业企业给予农业补贴等政策上的倾斜；对农业结构调整和带动农民增收效果显著的农民专业合作组织或农业企业，政府可以给予一定的物质和资金奖励，或者给予其他政策支持。

第三，制定、修改、健全农村土地经营权的相关法律规范和保障机制。由于法律程序不规范或者是滞后造成的土地经营权流转过程中出现的问题，应当由立法机关承担起完善和修改的责任，在充分调研基层试点和实践中遇到的问题和纠纷的基础上，及时清理、废除和修改相关法律条款，在立法层面最大限度地对土地经营权流转提供支持和保障。不仅要逐步修改《民法通则》《农村土地承包法》《物权法》等有关法律中与土地经营权流转法律条文相冲突的内容，尽快适应土地经营权流转快速发展的节奏，减少法律规范滞后于社会实践带来的不良影响。另外，还要着手起草、制定专项部门法《农村土地经营权流转法》，实现对土地经营权流转的内涵、方式、程序、法律救济途径的法律确认，真正实现实践对法律的指导推动作用。试点的实践经验已经积累了很多，立法条件也相对成熟，可以先制定一部法律或者行政法规调整当前流转秩序，出现问题可在日后通过司法解释或修订法律法规来继续完善。

第四，要健全农村土地经营权流转相关法律制度建设。合理地处理土地纠纷问题，保障农民的合法权益。农村目前的法律法规体系还不健全，相关国家部门，应依照《宪法》，参考国外成熟的相关法律，因地制宜地制定相关《土地法》，更侧重对民间主体的调节平衡，更好地促进土地经营权的流转，关键是保障土地承包权的稳定，也是保障农民的基本利益，给予农民安全感。给予农民长期的土地承包权，可以减少短期内对土地资源超负荷地开发，促进土地资源的可持续发展。要明确流转土地的用途，农耕地不得用于建筑，以及从事非农产业。此外，农地经营权流转会产生纠纷，这将严重影响土地经营权的顺利流转，所以应提高农民的法律意识，对于土地经营权流转的纠纷问题，以协商、调节、仲裁等多元化处理机制，有效完善农村土地经营权流转体系，保障农民的合法权益，促进农村土地经营权流转经营权的顺利进行，营造新农村经济发展的良好局面。

（2）实行严格的使用管制和档案制度。

首先，要明确管理责任，严格依法归档。明确管理权限和责任是规范管理的基础，只有这样才能落实依法归档，才能保证档案材料不至混乱、遗失及责任的相互推诿。一般来说，目前土地经营权流转相关归档中的土地承包经营权登记申请书、农村承包土地调整方案批件、土地承包经营权登记簿、土地承包情况汇总清册、土地承包经营权权属证明文件、现场勘界确认材料、公告材料、登记核准文件、登记台账、权属变更登记材料、登记发证原始材料、登记管理信息系统备份等交由县级人民政府农村土地承包管理部门归档保存；土地承包工作小组名单、承包土地调整方案、土地承包方案、土地经营权流转委托书等档案材料，由村民委员会归档保存，只有这样才能对号入座，责任有序，防止管理上造成混乱，杜绝责任追究中不规范的事情发生。

其次，严审档案质量，规范收集整理。在档案规范管理中，土地经营权流转相关合同务必经过严审，确保材料真实有效，要求数据准确、字迹工整、图谱易读，落款、日期及公章签字等清晰明确，具有可标志性和合法性；纸质合同档案要使用不易褪色或消失的中性笔用工整的楷体填写，纸张及装订要严格按照档案保护的要求，不易损坏和失散。我们一定要建立健全档案管理制度，责任到人，及时将合同信息及相关材料进行收集整理，任何单位及个人不得私自处理或拒绝归档。为了便于检索和查询，合同整理归档后，应编制目录以备查询。及时收集整理归档才能确保合同档案的准确不失。

最后，注意安全保管，完善信息管理。合同和档案的原始材料一般都是纸质的，如果遇到潮湿、水浸、燃烧等就会完全损坏，所以档案管理要切实做好安全工作：土地经营权流转档案设置专柜，专人负责，防止人为损坏、遗失；做好各种防范措施，切实做好防虫、防火、防水、防化学药品、防污染等工作；不具有保管权限的档案盒材料应及时交由相关法定部门进行保管，不具备保管条件的单位，应及时完善条件或暂交由上级部门协助保管。

（3）建立健全激励惩罚机制。

首先，研究探索流转奖补机制。各级政府应从财政预算中安排一定的土地经营权流转专项资金，采取以奖代补的方式，对土地经营权流转工作成绩突出的单位和个人给予奖励。农户流转土地，地方政府应给予一次性奖补，引导农民参与土地经营权流转。待农民的积极性调动起来后，再对承接土地的规模经营业主给予奖补，主要用于改善农业生产基础设施。经济条件较好的地方，可对流转双方同步进行奖励。

其次，研究探索流转保险机制。建立健全农业政策保险、商业保险和社会保险相结合的保险机制，最大限度地化解流转双方的风险。一是建立业主准入制度。对业主的农业经营能力、经营项目、资信状况等进行全面审查和认证，并提取一定的风险金作为担保。二是扩大农业政策性保险的品种和覆盖面。不论是种植业还是养殖业，都要尽可能纳入农业政策性保险范围。三是探索成立新型农业投资开发公司或担保公司。采取多种方式，扩大有效担保物范围和保险赔付范围，为流转双方提供融资担保和风险保障。四是将商业保险延伸到农村土地经营权流转中，提高农村土地经营权流转的综合保险能力。五是建立农村土地经营权流转风险担保基金。采取多种办法，筹措农村土地经营权流转风险担保基金。

再次，研究探索流转扶持机制。有关部门应结合自身职能，制定切实可行的扶持办法，为农村土地经营权流转提供优惠服务。一是科技扶持。实行涉农部门和农业科技人员联系业主制度，把规模经营大户作为当前农技推广的重点，为业主在新品种引进、试验示范、防虫治病、机械作业、标准化生产等方面提供技术支持。二是项目扶持。整合农业综合开发、中低产田改造、标准化农田建设、特色农产品基地建设和土地整理等农业项目资金，集中投向规模经营。三是建设用地扶持。规模经营业主直接用于种养生产、管理、服务的非永久性固定建筑物，如简易工棚和晒场、仓库等，在按有关规定办理相应的农业临时用地手续时，免收相关费用。四是信贷扶持。对规模经营业主提供临时性、季节性贷款支持，贷款利率应低于一般信贷利率。对经营规模较大、贷款额度较高的业主，可给予财政贴息支持。

最后，研究探索流转保障机制。一是建立健全各项保障制度。积极探索建立以农民缴费为主，政府补贴为辅，村集体经济组织给予补助的农村养老保险制度，全面推行新型合作医疗保险、失业保险和最低生活保障制度，扩大范围，提高标准，逐步从农保向低保、社保转变，与城市社会保障体系接轨。二是优先保障"全流户"。对土地全部流出、长时间流出的农户，由社会保障、民政、工商等部门将其优先纳入保障范围，发放《再就业优惠证》，享受城市下岗失业人员同等优惠待遇。三是加大流出户劳动力的转岗就业培训力度。充分利用"阳光工程"等项目资金，对流出户农民进行多形式、多项目的专业技能培训，提高农民转岗就业和稳定就业的能力。同时，鼓励规模经营业主优先招聘转出土地的农民到企业打工，增加农民收入。四是大力实施"新市民工程"。采取"工业向园区集中，农民向城镇集中，土地向规模集中"的办法，实行宅基地换住房和双权换社保，加快推进农村城镇化和农民非农化步伐。对入住城镇的农民，在子女入学、户籍管理、经济适用廉租房及其他社会保障方面享受与城镇居民同等的政策待遇，真正使农民变市民，完全融入城市生活。

9.2 培育完善的农村土地经营权流转市场

（1）构造政府、社会组织、经营者与农户的多中心协作体系。

当前在治理能力与治理体系现代化战略的引领下，我国的改革发展进一步深化。农村土地改革作为当前深化农村改革与治理的关键因素，应该摒弃传统的政府"一元"主体观念，积极引导不同主体参与治理实践，形成多中心参与，合作治理的新局面。通过建立政府主体与社会组织、经营者和农户的协作治理关系，特别是将社会组织这一具有公益性质的主体引入当前农村土地经营权流转过程，可以转变政府公共服务供给不足的现状。具体到实际操作层面，在农村土地经营权流转过程中，可以探索建立由基层政府代表、村两委代表、社会公益组织代表、经营者代表与农户代表共同组建的农地经营权流转促进委员会。这个委员会不仅可以充当农地交易信息上下层级传递机构，而且可以作为中介组织为不同参与主体提供服务。通过多主体的合力，强化解决流转中不同类型问题的能力，进而最大限度提高农村土地经营权流转的效率。

构建农村土地高效流转机制需要在实践中不断完善，不断地将不同时间节点的重要因素加入其中，只有做到因时因地而变，才能保障土地经营权流转的效率。通过优化农地经营流转的环境，为农村土地经营权流转创造有利的基础条件。当前时期，借助于多主体协作治理，在"掌舵"农地流转整体方向前提下，通过加强基础设施建设，完善农民基本保障体系和补贴政策，建立农地产权体系，打造农地产权交易所和引导社会组织等策略之间的相互衔接，形成农地流转的高效运转体系，是广大农村地区解决当前土地经营权流转困境，构建农地高效流转机制的可行之策。

（2）完善农村土地经营权流转的价格评估体系。

由于在流转过程中缺乏统一规范的土地等级评定和定价标准，导致出现土地经营权流转价格不合理、侵犯农民权益的现象。要想规范流转市场，就必须建立完善的土地定级和市场价格参考机制。只有这样，才能建立起科学合理的土地经营权流转定价机制，推进农村土地经营权的流转进程，加强农户进行上地经营权流转的意愿。此外，要建立价格评估指导机制。设立土地经营权流转价格指导中心，客观公正地评估、发布土地经营权流转指导价格，促进土地经营权流转公平公正合理。应当以城市土地使用权定价机制为参考，建立三个层级的定价模式。目前，在土地经营权流转市场发达的地区，以估价机构估价为主；土地经营权流转市场初步建立的地区，以政府引导定价为主；在未建立其土地经营权流转市场的地区，以流转双方协商定价为主，政府相关管理部门及时引导为辅。

对农村土地的基准价科学地进行估量是建立参考制度的关键所在。需要建立土地价格评估小组，对其进行分级、预估价格。首先，根据土地质量的不同条件给土地定级；然后，按照粮食的大概产量、收益等对土地进行评估。在流转过程中，各级地方政府要根据当地的经济发展状况和土地收益等因素制定土地的参考价格，流转过程中的具体价格可根据参考价格由双方自行商定，也可通过招标来确定。同时还要考虑到物价、预期收益等多种因素，对于流转期限较长的，可以在合同中规定流转价格的增长方式。同时，政府应当通过专业的土地估价机构，综合考虑农地的质量、区位和社会保障功能等因素，积极开展对农村土地的定价和评估工作。以减少价格确定的随意性和不合理性为目的，对各类流转土地的质量、等级进行分类，客观、公正地评估土地经营权的流转价格，为农地流转双方提供价格参考。考虑流转土地的质量、地块所属地区的差异以及经营风险等因素，结合已经流转交易的土地信息，运用土地估价的专业知识，综合评定出一个具有普遍意义的价格流转机制，供农户参考，进而推动农村土地经营权的流转进程。

（3）鼓励农村土地经营权流转模式的创新与发展。

农村土地经营权流转模式的创新实质上是一个经济问题，那么经济问题的解决就必须尊重价值规律，让市场机制更好地发挥作用。农村土地经营权流转模式创新涉及的经济主体多样、经济利益复杂、经济活动丰富，单纯地依靠政府行政手段和法律、制度机制很难达到较好的效果，在这种情况下，按照价值规律建立起来的市场机制尤为重要，且更容易发挥参与主体的积极性和主动性。这种市场机制既包括有形的市场体系，也包括无形的市场规律。农村土地经营权流转市场的发展程度直接关系到社会主义市场经济的实现程度。因此，建立健全土地承包经营权流转市场机制，是稳定完善农村基本经营制度的重要举措，也是社会主义市场经济体制日趋成熟的标志。

目前创新土地经营权流转模式主要有以下几种。第一，股份制流转方式——土地"折算入股"。农民以自己的土地承包权折算入股农业经营企业，农户作为"股东"，可以享受企业的收益分红，也可以在企业打工获得工资收入。这种方式一方面节省了企业为流转农户土地所需支付的租金，又可使农户获得长期、相对稳定的收入。第二，"订单农业"的土地经营权流转模式。此种模式主要依托当地的农业主导产业和特色农业基地。其特征为"先找市场，再抓生产，产销挂钩，以销定产"。当前，"互联网+"订单农业的模式，可以更加有效地将农户与市场对接，扩大农产品的销售范围，提高农产品交易速度。对进一步提升农产品生产的标准化、规模化、品牌化起着至关重要的作用，农业经济的整体发展速度和效率可以得到有效提升。第三，"流转+信托"双平台模式。此种模式在建立县、乡、村三级土地经营权流转服务机构的基础上，通过设立经营权平台公司，建立县、乡两级信托服务体系。信托平台的运行机制主要是信托公司与村委会（代表同意将土地信托的农民）签订信托合同。信托公司获得土地后，可统一进行规划、布局、整治及集中连片处理，然后可通过招标、竞拍或租赁形式将土地经营权流转给新型农业经营主体。

基于此，各地要借鉴土地经营权流转先进地区的成功经验，打破地域、行业、所有制的界限，实现农村多层次、多元化的联合与合作，如股份合作、土地互换、以租抵债（抵贷）等形式，只要有利于土地资源的合理利用，有利于发展农村经济，都要推广和运用，从而合理配置土地资源，增加土地使用的灵活性，发挥高效益，盘活土地资源。

（4）建立健全风险保障机制。

首先，建立风险防范机制。政府应设立风险保障金等办法，降低土地经营权流转风险，并建立有效的市场准入制度，对进入土地经营权流转市场的经营主体的农业经营能力进行资格审查和资信评估。此外，政府作为管理者，应该承担管理农村土地经营权流转的职责，"掌舵"土地经营权流转主体方向，让市场"无形之手"与政府"有形之手"相结合，防止一系列风险的滋生。例如：农业分管部门需要建立预警机制，及时地对涉农问题进行整顿，防止其风险化倾向；基层政府农业管理部门应该对农业经营企业转入土地的经营状况、土地利用能力和风险防范能力进行监督，防止问题滋生；对于集体土地的流转情况，政府土地管理部门也应该加大审查力度，防止侵害农民利益的现象发生，等等。土地经营权流转不仅需要追求效率，更要防范风险，这是建立高效流转机制的首要工作。

其次，健全农地流转合同管理制度，降低农地流转风险。虽然《农村土地承包法》《物权法》都对农民承包土地的使用权做出了详细规定，以保障农民的土地权益。但中国农村长期以来形成的"人情取向"行为模型，导致农户间农地流转协议（合同）的签订往往倾向于"重口头、轻书面"。这些协议一方面约定内容不明确，比如农地流转的用途、期限、租金的支付方式及违约责任等重要事项等；另一方面也违反了有关法律的强制性规定，导致协议无效，给农地流转带来较大风险。因此，一要加强农地流转相关法律法规和政策的宣传工作，让农户明确自己的权利、责任和义务；二要健全农地流转合同管理制度，引导农户签订正规的农地流转合同，形成长期租约，并按照协议规定认真履行职责；三要成立农地流转纠纷仲裁委员会，及时处理农地流转纠纷。

最后，完善农村社会保障体系，增强农户风险防御能力。农地是农民的"命根子"，肩负着农民的生活保障功能，却阻碍了农地流转市场的发育。因此要促进农地流转，需先消除农民的后顾之忧，这样才能提高农户农地流转的积极性。为此，应完善以新型社会养老保险、新型农村合作医疗、农村最低生活保障、农村"五保"供养和城乡医疗救助等为主要内容的农村社会保障体系，使农户在转让农地土地经营权的同时，将流转农地所得部分收益作为农户家庭的基本生活保障费用，增强农户的风险防御能力，逐步弱化农地对农户的生活保障功能。此外，要大力发展农村的工业和服务业，增加农村非农就业的岗位，加强农村剩余劳动力的职业技能培训，引导农村剩余劳动力合理有效转移。

（5）加强中介服务机构建设。

农村土地经营权流转市场化是农村土地经营权流转的发展方向，也是农村土地制度改革的重要目标。然而，建立并完善农村土地经营权流转中介组织，是推动土地经营权流转市场化的强劲动力。在农村土地经营权流转的过程中，中介组织处于一个十分重要的地位。具体包括流转管理组织、土地估价组织、中介服务组织、公证服务组织、法律咨询组织等。中介服务组织既是土地经营权流转市场运行的润滑剂，也是流转交易的关键链条。中介服务组织以其特有的专业优势和信息优势，有效地解决着交易双方信息不对称、地位不平等问题。要积极培育土地经营权流转中介服务组织，要将中介组织定位为集服务、责任、法制、独立性于一体的独立性经济组织，其主要作用是为农民和政府提供服务。要加强培育和发展农村土地经营权流转中介组织的力度，制定相关的优惠政策给予农村土地经营权流转中介组织一定的扶持，比如税收优惠、财政补贴等。当然还要加强配套的法律法规体系建设，为中介组织发展提供良好的土壤。

为了提高土地经营权流转交易的成功率，要积极鼓励、引导和培育社会中介服务机构成长壮大。建立中介服务组织，按照市场供求关系，由第三方中介服务机构提供资产估价、土地托管以及土地承包经营权流转咨询等服务，通过中介服务体系的建立，来保证农村土地经营权流转的高效运行。中介服务机构作为农村土地资源配置过程的中间层，其协调信息、促进合理定价的功能必不可少。中介服务机构的建立应维护农村土地市场的价格机制，使得其价格的波动由土地资源参与的供需水平所决定；中介服务机构应强调其独立工作的性质，其建立可以享有地方政府的财政及政策的优惠，但是其要保持经营的独立性，尽量避免成为地方政府的下属机构；同时应该加强中介服务机构的专业性程度，使其对土地资源的等级评价有一个明确的衡量标准，进而促进定价的合理性；中介服务机构也可起到一个法律宣传网点的作用，将更多的法律常识普及农村居民，在必要的时候能够提供土地资源相关政策、法规的咨询服务，调解纠纷，指导农村土地资源更高效地配置，进而形成规模的生产经营。通过独立的中介服务机构的建立可以维持一个公正、客观的市场环境，促使农村土地资源的配置能够有序进行。

9.3 在产权明晰的基础上推进土地承包经营权的确权

（1）加快推进土地承包经营权确权登记颁证工作。

首先，规范农村登记制度。农村土地经营权流转的登记制度，应当由具有公共服务性质的土地登记机关，负责规范土地经营权设定、变更及消灭的登记程序及内容，为农村土地经营权流转提供一套安全、便捷、权威的权属信息平台。全面确立土地经营权的登记生效主义变动模式，明确农业行政主管部门在土地经营权登记工作中的权责对应机制，使土地经营权流转登记实现由行政管理手段到物权公示方法的功能转换。

其次，及时确立好登记体系。土地经营权是一种物权，所以需要通过办理登记手续确保其享有的权利。当前我国的土地登记制度还存在很多问题，许多政府部门把土地经营权流转的登记看作行政管理，而不是物权，所以出现了登记与实际不符的现象。在登记时，原土地承包关系没有改变的，只需要登记手续；原承包关系发生改变的，对应的证书需要改变。乡镇政府应设立专门的部门对变更的情况适时地详细记录。

最后，建立严格的监督制度，确保流转能按制度化的轨道有序进行。监督委员会要由村民自主投票选举，并制定相互制约的监督制度，促进土地经营权流转过程中各项事宜公平公正地进行。

（2）健全流转市场服务体系，采取灵活确权方式。

确保承包地使用权的稳定性和保障性，这就要求进一步完善相关土地经营

209

权流转制度安排和政策保障。一是继续强化确权登记，颁发确权证书，明晰农民土地权利，稳定农户土地预期，避免在流转过程中因"四至不清""账实不符"发生利益纠纷。而且要通过政策宣传，鼓励农户参与流转，并结合产业转移升级和城镇化推进，有序引导农村劳动力转移和农业转移人口市民化，为新型经营主体的发展创造条件。二是加强土地经营权流转服务，降低流转双方的信息不对称度。比如可以依托快速发展的互联网技术，建立网上土地经营权流转服务平台，流转双方均可以在服务平台上发布信息。也要加紧建立土地经营权流转监测制度，完善管理网络和各级服务，由第三方中介组织为流转双方提供信息发布、政策咨询等服务，这样就可以进一步保障流转主体获取信息的及时性和准确度。三是尽快完善利益分配机制，稳定土地经营权流转关系，保护转需双方合法权益。比如鼓励新型经营土地流入主体与农户土地流出主体建立稳定合理的利益联结机制，共同探索利益分配的具体办法，可以通过土地入股分取红利、动态调整土地租金等方式，促进流转双方分配利益的公平性与稳定性。

由于存在不同地形地貌或者土地情况较复杂等各种特殊情况，对于需要确权的农户，当地政府应该谨慎考量，就需要因地制宜地采取相应措施，不能搞"一刀切"。农村耕地的确权要以保护农民的土地权益为重点，以确权确地为主，其他方式为辅的原则进行。对于已经有承包地的农户，要对其实行土地确权到户方针。当情况复杂之时，比如土地的"四至不清""边界不明"，或者针对土地整治等情况已经连片出现的土地、已经不能很好地去进行土地确权的土地，需要经过村集体通过民主协商、透明、合法的程序来共同商量讨论"确权不确地"的具体方案，最后经过政府的相关部门同意后方可实行确权确股（或确份）不确地。并保障确权之后相关政策制度能够更好地贯彻落实。政府也应该对于确权后"无法获得应有的土地"的原因进行深入调查，完善土地的流转机制，引入更多新型农业经营主体，推动农户流转意愿的提升。

（3）鼓励新型农业经营主体成为土地经营权流转对象。

土地承包经营权确权使得土地经营权流转对象从农民流转给农民，向农民流转给新型农业经营主体转变，新型农业经营主体逐渐成为新的土地经营权流转对象，主要有四种类型，即专业大户、家庭农场、农民合作社、农业产业化龙头企业。专业大户主要从事某种单一农产品的初级生产，其规模要大于分散经营农户的生产规模，而且专业程度较高。区分其与一般农户的标准，主要有两个维度，即规模和专业化；特点就是所生产的农产品较为单一，参与市场流通比较被动，生产效率和普通农户相比有所提高。家庭农场是以家庭成员为生产主体的企业化经营单位，具有法人性质，和专业大户相比，虽然都是以家庭为单位，但是其产业链较长，集约化、专业化程度较高，并非简单地从事初级的农产品生产。这种模式集专业化的农产品生产、加工、流通、销售为一体，可以涵盖第一、第二、第三产业；特点就是商品化水平较高，生产技术和装备较为先进，规模化、专业化程度和生产效率较高。农民合作社即农户之间利用土地、劳动力、资金、技术或者其他生产资料，采取一定合作方式的经营联合体；特点是分工明确，从生产、加工到销售都有专门的团队在做，其生产效率也因此得到提高。龙头企业所经营的内容，可以涵盖整个产业链条，从农产品的种植与加工、仓储、物流运输、销售甚至科研。

随着新型农业经营主体发育和培养不断加强，合作社、农业龙头企业、专业大户等对土地的需求量将不断增加，必将成为土地经营权流转市场中新的需求者。不同的新型农业经营主体通过土地经营权流转市场，可以更好地发挥土地经营权流转市场对土地承包经营权配置的基础性作用，通过市场竞争来发现土地承包经营权的应有市场价值。通过培育土地经营权流转对象的多元化，建立规范的土地经营权流转管理平台和交易平台，统筹土地经营权流转中各新型经营主体的利益，维护农民土地经营权流转权利。

9.4 完善农地经营权流转推进机制

完善的农村土地产权制度将为农民和经营主体提供强有力的权利保护，长久、稳定的土地权利是现代农业得以持续发展的重要前提。推动现代农业发展和农业经营制度创新，需要构建产权清晰、交易自由的农地产权制度，解决新型职业农民主体赖以生存和发展的土地问题。

（1）构建权、责、利明晰的农地产权体系。

构建农地产权体系是保障农村土地经营权流转规范化，推进农村土地交易市场早日成熟的重要环节之一。按照"尊重集体所有权，划断农户承包权，保护务农者经营权"的思路，贯彻明确所有权、稳定承包权、放活经营权的思想，进一步明确三者在占有、使用、收益、处分方面的权能边界。在"三权分置"前提下，所有权、承包权和经营权既相互分离，又彼此关联。从农村土地所有权方面来说，集体经济组织应首先对本组织内部的土地现状进行调查，对常年耕作的土地、有意流转的土地、荒芜的土地进行归类，定期对组织内部的土地进行平整和改良，充分发挥其在土地产权中占有、处分方面的权能。从农村土地承包权方面来说，首先，要清晰地界定土地承包权的权能边界；其次，将集体经济组织中的成员落实到户、保证承包户与承包地的产权统一。从农村土地经营权方面来说，在承包主体与经营主体分离的新趋势下，政府及相关管理部门应当对流转土地的农户进行指导，对实际从事农业生产的经营者给予更多支持和保护，从而加快农村土地经营权流转的步伐。

《物权法》《农村土地承包法》等相关法律法规已经略滞后于农村土地产权保护需求，为此需要在原有基础之上进行补充和完善，为构建明晰的农地产权体系提供基础的法律保障。首先，要通过法律法规的形式，明确所有权、承包权和经营权的各自权利主体，特别是经营权这个新的权利，现有的法律法规并没有明确规定相关内涵，需要予以重视。其次，要确定农村土地权利保护的责任主体，基于农业管理部门，构建类似于农地产权保护工作小组的领导机构，全面推进农地产权体系建设。最后，要将保护农民的利益与保护经营者利益相结合，特别是新型职业农民这个新群体，让土地经营权流转的红利惠及广大的农民群体。

（2）建立市、县、镇三级农地产权交易所。

农地产权交易所就是一个综合性的农村土地产权交易市场。通过这个平台，农民的土地承包经营权、林权、集体建设用地等可以通过市场原则实现有序流转。以土地承包经营权为例，首先，土地的权属要明晰，农民必须自愿转让，受让方则要具备农业投资、经营能力；其次，流转的项目还要符合国家法律法规、环保政策和农业产业发展规划。在具体操作的流程上，以土地承包经营权为例，农户或集体组织将已确权颁证的土地在产权交易所发布信息，行政主管部门确定是否符合交易条件。确认后，土地信息通过网络平台对外发布，流转形式可以是转让、出租、入股，还可以抵押融资。产权交易所则组织投资者通过电子竞价、拍卖、招投标等方式投资土地经营。

农村土地产权交易所在农村土地经营权流转过程中，扮演"中介"组织角色，其最主要的作用为以下三点：一是提供准确的土地经营权流转信息；二是保障规范的流转程序；三是促进土地资源的合理流动。通过构建市、县、镇三级农地产权交易所，可以满足不同规模的土地经营权流转需求。通过市级产权交易所的统筹，可以完成规模较大的土地经营权流转，其主要的服务对象是现代化农业企业，引导社会资本顺利进入农村和农业领域。县、区级的农地产权交易所，主要是完成中等规模的土地经营权流转，服务对象是县域范围内的种粮大户、农场和农业合作社等，为连片跨区域流转土地提供规范的、高效的服务。乡镇一级的产权交易所，服务对象是本乡镇内的土地经营权流转参与者，土地经营权流转规模较小且集中在本乡镇及自然村范围之内。农村土地产权交易所的建立，不仅可以为农民和经营者提供准确的交易信息，更可以通过规范的流转合同，约定转出方和转入方彼此的权利与义务，避免涉地纠纷的滋生，保障土地资源利用效益的最大化。

9.5　本章小结

农村土地经营权流转问题得研究是一个涉及多学科多领域的系统工程，牵涉到经济学、人口学、社会保障学、土地资源学、市场学等多种学科，因此要真正解决农村土地经营权流转中存在的各种问题，必须综合运用多学科理论，才能比较全面、系统、合理地提出相应的建议和对策。本章主要从加强政策调控、培育完善的农村土地经营权流转市场、在产权明晰的基础上推进土地承包经营权的确权、完善农地经营权流转推进机制这四个大的角度来提出几点建议对策。总之，农村土地经营权流转是事关社会主义新农村建设大局的重要问题，必须用统筹全局的战略眼光，重视土地经营权流转的必要性和重要性，切实发展和完善现有的土地经营权流转制度，实现土地资源的合理配置，把发展农村土地经营权流转与农业结构调整、产业化经营和建立社会化服务体系有机结合起来，优化环境，加强引导，因地制宜，加快发展，逐步向多模式、区域化方向发展，开辟农业增效、农民增收的农村经济合作组织发展之路。

10　结论与研究展望

在市场经济条件下，农村土地经营权流转可以促进农业生产规模化和机械化，提高土地利用率，推动农业现代化的进程。实践证明，农村土地经营权流转制度的建立和发展是农业现代化和农民参与市场竞争的客观要求，是在农村经济发展到一定阶段的必然产物。虽然当前农村土地经营权流转的发展还存在着不同程度的问题，但是随着农村经济的不断发展，农村土地经营权流转将是解决农村发展与改革的一个关键突破口，是未来解决有限土地与无限市场化之间矛盾的重要手段。为此，本书系统地阐述了农村土地制度的变迁、土地经营权流转过程中存在的问题、农地经营权流转的选择机制与流转模式，在此基础上对农村土地经营权流转进行博弈分析，并实证研究了农地经营权流转意愿等，并提出相应的对策建议。本书的主要结论如下。

第一，通过对农村土地经营权流转机制的研究，明确了土地承包经营权流转主体。土地经营权流转的主体是农户，而各级政府及部门，包括村集体经济组织，都不是土地经营权流转主体，而是为流转服务的管理主体。中介机构则是农地流转的服务主体。其次，农地流转的影响因素分外部环境（宏观角度）与内部环境（微观角度），前者主要包括稳定清晰的农地产权、完善的市场环境及农村的社会保障体系；后者主要包括土地的供给和需求、经济发展水平、农户个人及家庭资源禀赋的因素等。

第二，在土地经营权流转的过程中，逐步形成了以农地流出方、农地流入方、村委会和基层政府四个核心利益相关者为主的博弈关系。在上述博弈模型分析到农户权益之所以会受损的情况时发现，一是农地流入方为了获取更多的流转效益，基层政府为了获取更多的效益，都有可能采取一定的违规操作手段来获取在土地经营权流转中隐藏的效益；二是农地流出方维护自身权益的手段过于单一，且流出方对自身在土地经营权流转中应该具有的权益并不明晰；三是基层政府在执行颁布土地经营权流转政策的时候，由于各个地区的发展情况各不相同，村委会可能在执行政策方面或者是出于对自身情况的考虑，会消极对待策略或者利用各种方式来折中处理政策。

第三，本书以尊重农户意愿为基础，以提高农户土地经营权流转意愿为目标，从农户自身条件、当地自然条件、经济状况、规模经营、农业科技等方面实证研究了土地经营权流转意愿的影响因素，研究表明性别、年龄、就业情况、家庭人口、劳动力人口、劳动力资源、技术资源、机械化程度、农业土地收入、非农业收入对农村土地经营权流转意愿有显著性影响。该研究期望为解决农地流转所产生的问题提供数据支撑，使相关问题得以更好地解决。

第四，本书注重与社会实际相结合，解决农村土地以经营权流转中的现实问题。农村土地经营权流转问题的研究是一个涉及多学科多领域的系统工程，它牵涉经济学、人口学、社会保障学、土地资源学、市场学等多种学科，因此要真正解决农村土地经营权流转中存在的各种问题，必须综合运用多学科理论，才能比较全面、系统、合理地提出相应的建议和对策。本书主要从加强政策调控、培育完善的农村土地经营权流转市场、在产权明晰的基础上推进土地承包经营权的确权、完善农地经营权流转推进机制这四个大的角度来提出具体的对策。

由于时间的局限性以及笔者能力等原因，本研究还存在着以下几方面不足，希望能在今后的工作中进一步完善。

第一，笔者对文献的阅读范围有限，特别是对外文文献的研究较少，从而可能导致观点与问题分析得不全面，不透彻，不能真正全面而系统深刻地把握该问题。

第二，农村土地经营权流转是一个复杂的过程，在实地调查过程中获得的数据具有局限性，无法获得大面积的、多样本的数据，只能选取具有代表性的样本进行调查分析，可能会有片面性，需要在今后的学习研究中进行完善和补充。

参考文献

白杨，2007.论家庭联产承包责任制的变迁[D].沈阳：辽宁大学.

毕宝德，2016.土地经济学[M].7版.北京中国人民大学出版社：89.

卜红双，2013.中国农村土地承包经营权流转制度研究[D].大连：辽宁师范大学.

蔡立东，姜楠，2015.承包权与经营权分置的法构造[J].法学研究，37（3）：31-46.

曹海英，2016.我国农地承包经营权流转利益主体行为选择研究[D].哈尔滨：东北农业大学.

曹建华，王红英，黄小梅，2007.农村土地经营权流转的供求意愿及其流转效率的评价研究
    [J].中国土地科学，21（5）：54-60.

曹璨，2017.农地经营权抵押融资试点效果研究[D].咸阳：西北农林科技大学.

曾超群，2010.农村土地经营权流转问题研究[D].长沙：湖南农业大学.

常茨坪，2010.农村土地承包经营权流转问题研究[D].湘潭：湘潭大学.

常通通，2017.中国农村土地经营权流转制度研究[D].青岛：山东科技大学.

常伟，程丹，2015.农地承包经营权确权认知问题研究——基于安徽试点的经验分析[J].统
    计与信息论坛，30（8）：87-91.

陈浩，2017.农村土地承包经营权流转问题研究[D].南京：南京师范大学.

陈佳佳，2013.基于制度视角的湖北省农村土地经营权流转研究[D].武汉：中南民族大学.

陈金涛，刘文君，2016.农村土地"三权分置"的制度设计与实现路径探析[J].求实（1）：
    81-89.

陈静，2015.重庆市近郊区农村土地经营权流转的制约因素及对策[D].重庆：重庆大学.

陈俊年，2017.农村土地经营权流转对甘肃省武威市凉州区社会发展的影响研究[D].兰州：
    兰州大学.

陈琳，2016.肇州县农村土地经营权流转影响因素研究[D].哈尔滨：东北农业大学.

陈龙奇，2017.我国农村土地经营权流转中的行政权规制研究[D].重庆：重庆大学.

陈蒙佳，2018.土地承包经营权流转制度研究[D].南昌：南昌大学.

陈尧，2018."三权分置"下农村土地融资法律问题研究[D].沈阳：沈阳师范大学.

陈云云，2016.政府信任对郫县耕地流转意愿影响的实证研究[D].成都：西南交通大学.

陈治宇，2012.哈尔滨市农村土地经营权流转问题研究[D].长春：吉林大学.

承帆，2018.双重保障条件下陕西省农户土地经营权流转意愿研究[D].咸阳：西北农林科技
  大学.

程兵，2016."三权分置"下农村承包土地经营权抵押问题研究[D].贵阳：贵州大学.

程冉，2017.我国农村土地经营权流转制度研究[D].北京：中国地质大学（北京）.

程世勇，2016.中国农村土地制度变迁：多元利益博弈与制度均衡[J].社会科学辑刊（2）：
  85-93.

迟福林，王景新，唐涛，1999.赋予农民长期而有保障的土地使用权[J].中国农村经济（3）：
  5-13.

崔珂，2015.中国农村土地经营权流转问题研究[D].开封：河南大学.

崔效军，曹春云，2010.土地经营权流转制约因素分析[J].合作经济与科技（15）：10-12.

崔续刚，2016.新型城镇化进程中农村土地经营权流转问题研究[D].开封：河南大学.

邓晓玲，张绍良，胡璐，等，2011.基于博弈模型的农地流转中集体经济组织道德风险分析
  [J].国土资源科技管理，28（4）：130-134.

董晓，2016."三权分置"下农地经营权抵押融资研究[D].成都：四川省社会科学院.

杜靖，2016.土默特右旗土地经营权流转对农民收入的影响研究[D].咸阳：西北农林科技
  大学.

段明亮，2014.农村土地经营权流转问题及对策探究[J].法制与社会（2）：207-209.

段贞锋，2017."三权分置"背景下农地流转面临的风险及其防范[J].理论导刊（1）：89.

范兰礼，2011.农村土地经营权流转评估与规划[M].北京：中国农业科学技术出版社.

方林波，2017."三权分置"背景下农村土地承包经营权制度的重塑研究[D].泉州：华侨
  大学.

方志权，2010.农村土地承包经营权流转市场运行机制研究[J].科学发展（4）：76-82.

冯玲玲，邱道持，赵亚萍，等，2008.农地流转中二维主体的博弈研究——以重庆市璧山县为例[J].农村经济（11）：18-21.

冯淑怡，2017.在土地经营权流转中促进农民增收[J].群众（20）：41-42.

高帆，2015.农村土地承包关系长久不变的内涵、外延及实施条件[J].南京社会科学（11）：8-15.

高海，2016.论农用地"三权分置"中经营权的法律性质[J].法学家（4）：42-52，176-177.

高宁，2018.土地经营权流转背景下制约农民增收问题研究[D].沈阳：沈阳师范大学.

高雅雯，2017.河南省农村土地经营权流转问题研究[D].秦皇岛：河北科技师范学院.

高勇，2016.农地金融模式的国际比较及经验借鉴[J].地方财政研究（9）：107-112.

耿彩云，2011.我国农地流转风险研究[D].重庆：重庆大学.

耿宁，尚旭东，2018.产权细分、功能让渡与农村土地资本化创新——基于土地"三权分置"视角[J].东岳论丛，39（9）：158-166，192.

关岭，2008.我国农村土地经营权流转机制与政策研究[D].重庆：重庆工商大学.

管洪彦，孔祥智，2017.农村土地"三权分置"的政策内涵与表达思路[J].江汉论坛（4）：29-35.

郭路明，蒲春玲，李平光，2013.基于现状调查的农地承包经营权抵押研究[J].开发研究（4）：91-94.

郭文止，2016.中国农村土地经营权流转中的土地定价问题研究[D].大连：东北财经大学.

郭晓晓，2018."三权分置"下农村承包土地经营权抵押问题研究[D].济南：山东大学.

郭新力，2007.中国农地产权制度研究[D].武汉：华中农业大学.

国内外农地流转的社会风险及治理研究综述[J].上海国土资源，38（2）：64-69.

韩伟，2018.河北省农村"以地养老"研究[D].石家庄：河北师范大学.

韩学平，2016."三权分置"下农村土地经营权有效实现的物权逻辑[J].社会科学辑刊（5）：58-65.

韩宇鹏，2018.农村土地经营权流转现状及影响因素研究——以嘉兴市为例[J].粮食科技与经济，43（8）：103-107.

韩长赋，2016.土地"三权分置"是中国农村改革的又一次重大创新[J].农村工作通讯（3）：19-23.

洪东海，2014.我国农村土地承包经营权的流转分析——基于进化博弈角度[J].福建商业高等专科学校学报（5）：7-14.

侯艳，2015.新制度经济学视角下的农村土地经营权流转问题研究[D].长春：吉林大学.

胡晨成，2016.基于农户生计视角的三峡库区农村土地经营权流转问题研究[D].北京：中国矿业大学（北京）.

胡风，2017.三权分置背景下土地承包经营权的分离与重构[D].大连：大连海事大学.

胡鸣茜，2018.新型城镇化背景下农村土地经营权流转中违规流转现象及其防范——以河南省淮滨县为例[J].成都航空职业技术学院学报，34（2）：83-85.

胡晓涛，2014.农村土地承包经营权确权登记面临的困境与对策[J].南都学坛，34（6）：86-88.

胡艳红，2015.建国以来中国农村土地制度变迁及启示研究[D].成都：四川师范大学.

胡玉杰，2015.哈尔滨市农户土地经营权流转意愿及其影响因素的实证分析[D].哈尔滨：东北农业大学.

胡震，朱小庆吉，2017.农地"三权分置"的研究综述[J].中国农业大学学报（社会科学版），34（1）：106-117.

华洁，2017.西部地区农地流转对农民收入的影响研究[D].贵阳：贵州大学.

黄宝连，2012.农地产权流转平台及机制研究[D].杭州：浙江大学.

黄崇淄，闫述乾，2018.农村土地确权对农户土地经营权流转意愿的影响研究[J].经济研究导刊（32）：27-29，42.

黄季焜，冀县卿，2012.农地使用权确权与农户对农地的长期投资[J].管理世界（9）：76-81，99，187-188.

黄延信，张海阳，李伟毅，等，2011.农村土地经营权流转状况调查与思考[J].农业经济问题（5）：4-9.

黄圆媛，2014.信阳市农村土地经营权流转的现状及对策研究[D].郑州：河南农业大学.

黄贞，2017.我国农地流转下农民财产性收入增长的路径研究[D].福州：福建师范大学.

霍雨佳，张良悦，程传兴，2015.政策主导型中国农村土地经营权流转变迁分析[J].河南农业大学学报，49（6）：871-875.

季超，2014.休闲农业视域下农村土地经营权流转问题的博弈分析[D].福州：福建农林大学.

姜玉香，2005.烟台农村土地经营权流转制度的研究[D].北京：中国农业大学.

蒋尚成，2018.土地经营权信托制度研究[D].合肥：安徽财经大学.

蒋永甫，徐蕾，2015.现代农业经营主体与农地流转的一项实证分析[J].中共福建省委党校学报（9）：61-69.

蒋雨露，2015.我国农村土地承包经营权流转的法律规制研究[D].长春：吉林财经大学.

金红利，2017.农村土地经营权流转存在问题与行动策略[J].沈阳农业大学学报（社会科学版），19（2）：134-138.

金鸿剑，2018.浙江省杭州市余杭区农村土地经营权流转制度的研究[D].舟山：浙江海洋大学.

晋伟，2017.中国特色农村土地经营权流转问题研究[D].长春：吉林大学.

孔祥智，2018.宅基地改革：政策沿革和发展方向[J].农村金融研究（11）：7-11.

孔岩，2015.土地承包经营权确权登记研究综述[J].安徽农业科学，43（23）：283-285.

郎佩娟，2010.农村土地经营权流转中的深层问题与政府行为[J].国家行政学院学报（1）：29.

郎子壮，李飞，2015.金融支持农地流转的吉林经验[J].现代经济信息（18）：275-276.

李奥，2017.新型城镇化背景下农地流转中政府角色研究[D].湘潭：湘潭大学.

李凡，2012.吉林省农村土地经营权流转问题研究[D].长春：吉林大学.

李红梅，2014.农用地流转中的农民权益保护研究[D].福州：福建农林大学.

李怀玉，2014.我国农地流转制度研究[D].长春：吉林大学.

李居英，杨依，兰东东，2016.江西省农村土地经营权流转现状及其发展趋势研究[J].现代经济信息（16）：497.

李俊琳，2016.城乡一体化进程中农村土地经营权流转问题研究[D].沈阳：沈阳师范大学.

李仂，2016.基于产权理论的城市空间资源配置研究[D].哈尔滨：哈尔滨工业大学.

李良，2017.西部地区农地流转的网络化治理研究[D].南宁：广西大学.

李灵，2017.河源市东源县农村土地承包经营权确权问题研究[D].广州：仲恺农业工程学院.

李隆伟，2016.土地承包经营权确权对农民土地经营权流转行为的影响研究[D].北京：中国农业大学.

李鹏，曾广志，2016.城镇化进程中我国农村土地政策的变迁与演进[J].法制与社会（24）：228-229.

李启宇，张文秀，2009.城乡统筹背景下农户农地经营权流转意愿及其影响因素分析——基于成渝地区428户农户的调查数据[J].农业技术经济（5）：49-56.

李清杰，2012.农用地承包经营权流转监管研究[D].重庆：西南大学.

李腾，2016.河南省农村土地经营权流转问题研究[D].长春：吉林大学.

李雅静，2016.基于风险因素的农村土地经营权抵押融资博弈研究[D].咸阳：西北农林科技大学.

李亚成，2009.我国农地产权制度变迁中农户与村组织的博弈及绩效分析[D].咸阳：西北农林科技大学.

李艳婷，2018.土地经营权信托中农户权利保护研究[D].北京：首都经济贸易大学.

李勇，杨卫忠，2014，农村土地流转制度创新参与主体行为研究[J].农业经济问题，35（2）.

李勇，杨卫忠，2014.农村土地经营权流转制度创新参与主体行为研究[J].农业经济问题，35（2）：75-80，111-112.

梁志元，2016.中国农村土地经营权流转制度创新研究[D].长春：吉林大学.

林建伟，2016.农地经营权抵押贷款的风险与防范[J].福建农林大学学报（哲学社会科学版），19（5）：14-19.

林军，栾迪，2017.交易费用理论述评[J].兰州文理学院学报（社会科学版），33（1）：73-78.

林子叶，2017.当前我国农村土地经营权流转问题研究[D].沈阳：辽宁大学.

蔺雪，2018.重庆开州区农地流转参与主体协同机制研究[D].重庆：重庆工商大学.

刘畅，2017.黑龙江省供给侧改革视角下土地经营权流转政策研究[D].哈尔滨：哈尔滨商业大学.

刘刚，2018.改革开放以来农地承包权制度演化历程与规律研究[J].农业经济问题（6）：

18-25.

刘恒科，2017."三权分置"下集体土地所有权的功能转向与权能重构[J].南京农业大学学报
（社会科学版），17（2）：102-112，153.

刘建丽，2012.我国农村土地经营权流转存在的问题及对策探析[J].当代经济（2）：80-81.

刘建伟，王志娟，2015.农村土地经营权流转信托机制研究——基于河南省××县土地经营权
流转情况[J].现代经济信息（9）：355-356.

刘莉君，2013.农村土地经营权流转的国内外研究综述[J].湖南科技大学学报（社会科学
版），16（1）：95-99.

刘梅，2011.农户可持续农业生产行为理论与实证研究[D].无锡：江南大学.

刘明，2015.中国土地经营权流转制度：理论探讨与发展思路[J].生产力研究（6）：92-98，
108，161.

刘少彬，2018.农村土地确权的完成对推进新型城镇化的影响[J].粮食科技与经济，43（8）：
84-86.

刘少婷，2016.农村土地经营权流转过程中存在的问题及对策研究[D].济南：山东大学.

刘帅，2017.衡水市农村土地经营权流转问题研究[D].秦皇岛：河北科技师范学院.

刘文秋，2018.土地经营权流转与乡村治理创新研究[D].南昌：南昌大学.

刘昕，2015.肥城市农村土地经营权流转问题研究[D].泰安：山东农业大学.

刘新艳，朱云，2018.临沂市经开区农村土地经营权流转存在的问题及对策[J].农村经济与
科技，29（11）：212-213.

刘艳，2007.农地使用权流转研究[D].大连：东北财经大学.

刘永强，苏昌贵，龙花楼，等，2013.城乡一体化发展背景下中国农村土地管理制度创新研
究[J].经济地理，33（10）：138-144.

刘志刚，郭仁德，2003.农地产权制度改革的设想[J].领导决策信息（5）：25.

刘志仁，2007.农村土地保护的信托机制研究[D].长沙：中南大学.

刘子晨，2017.驻马店市家庭农场土地经营权流转问题研究[D].郑州：河南财经政法大学.

龙志均，2018.我国农村土地经营权流转制度改革及城乡规划的思考经验[J].南昌江西农业
（10）：119.

卢欣丹，2015.河南省农地流转影响因素及博弈行为研究[D].咸阳：西北农林科技大学.

卢学智，2016.岷县土地经营权流转存在的问题及对策[J].甘肃农业（9）：23，33.

陆文昊，2018.农地经营权资本化对农户福利效应的影响[D].咸阳：西北农林科技大学.

罗必良，胡新艳，2016.农业经营方式转型：已有实验及努力方向[J].农村经济（1）：2-13.

罗剑朝，庸晖，庞玺成，2015.农地抵押融资运行模式国际比较及其启示[J].中国农村经济（3）：84-96.

罗洁，2015.农村土地信托流转机制研究[D].武汉：华中师范大学.

吕佳依，2017.依兰县农村土地经营权流转优化研究[D].哈尔滨：哈尔滨工程大学.

马庆东，2014.农村土地经营权流转的研究[D].武汉：华中师范大学.

马秀兰，2016.临夏州农村土地经营权流转研究[D].兰州：西北民族大学.

茆荣华，2009.我国农村集体土地经营权流转制度研究[D].上海：华东政法大学.

牟安平，2016.黄土丘陵山区农户土地经营权流转意愿分析及流转模式设计研究[D].晋中：山西农业大学.

牟悦明，2015.我国农村土地经营权流转及其市场配置问题研究[D].北京：首都经济贸易大学.

那拉，门建芳，马瑛，2018.土地承包经营权抵押贷款运行机制基本经验与完善——基于宁夏同心与福建明溪试点的对比[J].江西农业学报，30（7）：134-140，145.

聂英，聂鑫宇，2018.农村土地经营权流转增值收益分配的博弈分析[J].农业技术经济（3）：122-132.

牛娜，2009.农村土地承包经营权流转的博弈分析[J].广西财经学院学报，22（1）：121-124.

牛星，吴冠岑，2017.国内外农地流转的社会风险及治理研究综述[J].上海国土资源，38（2）：64-69.

潘文轩，2015.农地经营权抵押贷款中的风险问题研究[J].南京农业大学学报（社会科学版），15（5）：104-113，141.

潘云龙，2015.土地经营权流转背景下的苏南农村社会变迁[D].镇江：江苏大学.

庞亮，2013.我国农村土地信托流转机制研究[D].哈尔滨：东北农业大学.

彭诗韵，2017.农村土地经营权流转中农民权益流失风险及防范研究[D].湘潭：湖南科技

大学.

乔琰, 2018.不同类型农业产业经营主体农地承包经营权抵押融资约束研究[D].咸阳：西北农林科技大学.

乔治中, 2018.论我国农村土地经营权流转制度存在的问题及完善对策[J].法制博览（14）：93-94.

秦艳, 2017.城镇化进程中农村承包地流转及其问题研究[D].南京：南京师范大学.

屈冬玉, 2010.深刻领会邓小平"两个飞跃"思想积极稳妥推进农村土地经营权流转——农村土地经营权流转机制与模式探讨[J].农业经济问题, 31（4）：4-8, 110.

曲敏, 李静, 2018.农村土地三权分置下土地经营权流转问题研究[J].山西农业科学, 46（5）：826-829.

任庆恩.中国农村土地权利制度研究[D].南京：南京农业大学, 2003.

任怡, 龚梦, 曹月华, 2016.湖北省农村土地经营权流转的问题及政策建议[J].合肥现代农业科技（16）：301-302, 304.

桑雷, 2011.新农村建设中农地产权流转的博弈论分析[J].江苏农业科学, 39（5）：535-537.

尚旭东, 宋国宇, 邹琳, 2016.农村土地承包地经营权确权登记：新增地该何去何从？——方正县农村土地承包经营权确权登记办法、问题及思考[J].农业部管理干部学院学报（4）：29-33.

邵帅, 2018.三权分置背景下农地流转价款支付请求权登记制度研究[D].呼和浩特：内蒙古大学.

邵亚威, 2016.土地经营权流转利益相关者博弈行为下的农民权益保障问题研究[D].重庆：重庆工商大学.

申惠文, 2015.农地三权分离改革的法学反思与批判[J].河北法学（4）：2-11.

沈冲."三权分置"背景下农村土地经营权流转的法律规制[D].重庆：西南政法大学, 2017.

沈芳, 2006.交易费用理论的缺陷分析[J].生产力研究（10）：13-15, 58.

沈满洪, 张兵兵, 2013.交易费用理论综述[J].浙江大学学报（人文社会科学版）, 43（2）：44-58.

石冬梅, 2013.非对称信息条件下的农村土地经营权流转问题研究[D].保定：河北农业大学.

史常亮，2018.土地经营权流转对农户资源配置及收入的影响研究[D].北京：中国农业大学.

宋瑾，2014.山西省土地经营权流转问题研究[D].晋中：山西农业大学.

宋天然，2015.梅州市农村土地承包经营权流转问题研究[D].广州：仲恺农业工程学院.

苏雪，2018.赤峰市松山区农村土地经营权流转影响因素研究[D].呼和浩特：内蒙古农业大学.

孙明剑，2016.新型城镇化背景下农村土地经营权流转问题研究[D].重庆：重庆理工大学.

孙全亮，2011.现阶段我国农地经营制度研究[D].北京：中共中央党校.

孙士伟，2018.信阳市农用地确权对农户土地经营权流转意愿影响的实证研究[D].武汉：华中师范大学.

孙宪忠，2016.推进农村土地"三权分置"需要解决的法律认识问题[J].行政管理改革（2）：24.

孙小娇，2018.二战后法国农地产权政策初探[J].历史教学问题（5）：84-90，140.

孙小龙，2018.产权稳定性对农地流转、投资和产出的影响研究[D].北京：中国农业大学.

孙赟，2010.农村土地经营权流转中参与主体行为研究[D].西安：陕西师范大学.

唐娟，2012.农地流转模式选择机制研究[D].南京：南京农业大学.

唐文金，2008.农户土地经营权流转意愿与行为研究[D].成都：西南财经大学.

唐召，2014.永兴县农村土地经营权流转问题研究[D].长沙：湖南农业大学.

唐忠，2018.改革开放以来我国农村基本经营制度的变迁[J].中国人民大学学报，32（3）：26-35.

陶凌，2017.安徽省农村"两权"抵押贷款发展研究[D].合肥：安徽农业大学.

田春燕，2017.基于马克思所有制理论的农村土地经营权流转问题研究[D].桂林：广西师范大学.

田海军，2018.农村土地经营权流转信托模式研究[D].南京：南京大学.

田静婷，2010.中国农村集体土地使用权流转机制创新研究[D].西安：西北大学.

田欧南，2012.吉林省农村土地经营权流转问题研究[D].长春：吉林农业大学.

田鹏，2017.土地经营权流转运作机制：基于苏南C市S镇毁麦种树事件的分析[J].安徽师范大学学报（人文社会科学版），45（2）：202-207.

万治河，2014.基于利益博弈视角下的农村土地经营权流转问题研究[D].大连：东北财经

大学.

汪险生，郭忠兴，2014.土地承包经营权抵押贷款：两权分离及运行机理——基于对江苏新
　　沂市与宁夏同心县的考察[J].经济学家（4）：49-60.

王朝明，朱睿博，2016.农村承包土地经营权抵押贷款的理论模型与实践经验[J].河北经贸
　　大学学报，37（5）：54-62.

王晨，2014.湖北省农村土地经营权流转模式研究[D].武汉：武汉轻工大学.

王丹，2017."三权分置"背景下承包土地的经营权抵押制度研究[D].合肥：安徽大学.

王帆，2017.福州市晋安区农村土地经营权流转研究[D].福州：福建农林大学.

王芳，过建春，栾乔林，2007.从交易费用理论角度论农村新型合作经济组织[J].华南热带
　　农业大学学报（1）：61-64.

王过关，2018.农村承包土地经营权抵押担保融资模式研究[D].兰州：兰州大学.

王海燕，2005.农村土地承包经营权流转问题研究[D].泰安：山东农业大学.

王欢，2018.农户分化视角下土地经营权流转行为及影响因素研究[D].西安：西北大学.

王家庭，张换兆，2011.中国农村土地经营权流转制度的变迁及制度创新[J].农村经济（3）：
　　31-35.

王娟娟，何从蓉.农村土地承包经营权抵押贷款评估测度研究[J].中国资产评估，2016（3）：
　　33-39.

王骏，2018.土地经营权信托中农民权益保障研究[D].广州：华南理工大学.

王亮臣，2015.我国农村土地经营权流转问题研究[D].长春：吉林财经大学.

王宁泊，2018.农地确权对农户耕地流转意愿影响的实证研究[D].南宁：广西大学.

王瑞林，2017.大庆市农户土地经营权流转意愿研究[D].大庆：黑龙江八一农垦大学.

王小映，2009.农村土地承包期限影响土地经营权流转[J].中国乡村建设（2）：28-30.

王雪，刘家轩，郭静利，2016.中国农地流转的特征、问题及对策[J].农业展望，12（7）：
　　17-21.

王颜齐，郭翔宇，2010."反租倒包"农地流转中农户博弈行为特征分析[J].农业经济问题，
　　31（5）：34-44，110.

王焱，2018.耕地经营权价值评估研究[D].呼和浩特：内蒙古农业大学.

王耀光，2013.交易费用的定义、分类和测量研究综述[J].首都经济贸易大学学报，15（5）：105-113.

王绎维，2018.三权分置视野下我国农村土地经营权信托制度研究[D].赣州：江西理工大学.

王振，2016.不同模式下农村土地经营权流转利益分配研究[D].合肥：合肥工业大学.

王震，刘伟平，翁凝，2015.基于计划行为理论的农户行为研究及展望[J].呼和浩特内蒙古农业大学学报（社会科学版），17（4）：12-17.

魏元冰，2017.宁德市农村土地经营权流转现状及对策研究[D].福州：福建农林大学.

温学文，2017.新制度经济学视角下山西省与江苏省土地经营权流转差异分析[D].太原：山西财经大学.

文雄，2011.农地流转促进农业适度规模经营问题研究[D].长沙：湖南农业大学.

翁贞林，2008.农户理论与应用研究进展与述评[J].农业经济问题（8）：93-100.

吴兵，2012.法律视角下农村土地经营权流转中必须把握的三个问题[J].农业经济（2）：111.

吴迪，2013.我国农村土地承包经营权流转机制研究[D].银川：宁夏大学.

吴金波，2015.土地承包经营权继承问题研究[D].重庆：西南政法大学.

吴玲，周思山，周冲，2012.发达国家农村土地经营权流转制度对我国的启示[J].宿州学院学报，27（1）：18-23.

吴世德，2018.农村土地经营权流转对农户收入的影响研究[D].长春：东北师范大学.

吴限泽，2017.保定市贫困地区农村土地经营权流转对农户收入的影响研究[D].保定：河北大学.

吴颖，2017.土地承包权与经营权分置研究[D].合肥：安徽财经大学.

吴园庭雁，2015.农村土地经营权流转主体博弈及制度选择——以农地转化非农地为例[J].经济师（10）：78-80，96.

吴月芽，2004.农村土地使用权流转市场化研究[D].金华：浙江师范大学.

伍静，2017.大冶市农村土地经营权流转问题研究[D].武汉：湖北大学.

伍幸妮，邓楚雄，唐禹，2017.基于利益博弈视角的土地信托流转研究——以益阳"草尾模式"为例[J].湖南农业科学（1）：90-94.

夏柱智，2014.虚拟确权：农地流转制度创新[J].南京农业大学学报（社会科学版），14

（6）：89-96.

项景波，2017.达州市农村土地经营权流转实践的调研报告[D].重庆：重庆大学.

熊旭阳，2018.新型城镇化视角下中部平原地区农地经营权流转影响因素研究[D].南昌：江西师范大学.

徐冬梅，2018.农户转出林地产权的行为研究[D].石河子：石河子大学.

徐丰，2015.农地流转主体意愿及系统模拟仿真研究[D].南昌：江西财经大学.

徐海波，2015.农村土地信托流转模式构建研究[D].合肥：安徽大学.

徐济益，黄涛珍，2010.农村土地承包经营权流转的进化博弈分析[J].江汉论坛（4）：38-42.

徐婷婷，2018.国内外土地经营权流转研究现状综述[J].长春现代交际（2）：235-236.

徐文燕，1998.交易费用理论综合分析[J].黑龙江财专学报（6）：53-55.

许芳，2013.农地经营权流转中不同类型农户决策意愿博弈分析[J].金融与经济（5）：45-47，56.

许国强，2015.农地流转中的法律难题及其破解[J].农业经济（1）：10-12.

许璐，2015.北安市耕地承包经营权流转问题研究[D].哈尔滨：东北农业大学.

玄慧，2018.我国农村土地经营权流转的影响因素——基于CHIP2013数据的实证检验[J].湖北经济学院学报（人文社会科学版），15（5）：37-40.

薛明阳，2016.基于博弈视角的辽宁农村土地经营权流转问题研究[D].大连：东北财经大学.

杨爱民，2008.交易费用理论的演变、困境及发展[J].昆明云南社会科学（4）：43-47.

杨光，2012.我国农村土地承包经营权流转的困境与路径选择[J].东北师大学报（哲学社会科学版）（1）：219-220.

杨萍，2008.我国农村土地经营权流转制度变革路径选择[J].石家庄合作经济与科技（20）：4-6.

杨奇才，谢璐，韩文龙，2015.农地经营权抵押贷款的实现与风险：实践与案例评析[J].农业经济问题，36（10）：4-11，110.

杨小仙，2015.柯城区农村土地经营权流转问题研究[D].杭州：浙江农林大学.

杨学成，靳相木，赵瑞莹，1999.关于农村土地延包情况的调查研究[J].山东农业大学学报（社会科学版）（2）：12-15.

杨紫洪，韩素卿，薛向东，2018.基于德美土地金融借鉴的农地承包经营权抵押贷款运行机制构建[J].农村经济与科技，29（8）：189-190.

杨祖德，2014.交易成本视角下农地流转模式研究[D].南宁：广西大学.

叶苏达，2018.温州土地确权工作回顾与展望[J].农村经营管理（12）：36-37.

衣雪艳，2016.我国农村土地经营权流转问题研究[D].兰州：兰州财经大学.

易思棋，2016.长沙市青竹湖镇农村土地经营权流转问题研究[D].长沙：中南林业科技大学.

尹涛，2013.农村生产用地流转中不同类型农户决策意愿博弈分析[J].国土资源科技管理，30（5）：63-67.

尹彦强，2016.我国农村土地经营权流转法律问题研究[D].太原：山西财经大学.

于泽龙，2018.农地流转促进农民收入增长的实证研究[D].沈阳：辽宁大学.

余小英，王成璋，2014.农村土地经营权流转制度变迁与农民收入的关系分析[J].湖北农业科学.

苑明杰，2017.吉林省土地经营权流转对农户收入的影响研究[D].沈阳：辽宁大学.

翟研宁，2013.农村土地承包经营权流转机制研究[D].北京：中国农业科学院.

占治民，2018.农地承包经营权抵押贷款试点风险控制研究[D].咸阳：西北农林科技大学.

张彩凤，2016.建国以来我国农村土地经营权流转问题研究[D].太原：太原科技大学.

张红宇，2001.中国农村土地制度变迁的政治经济学分析[D].重庆：西南农业大学.

张红宇，2002.中国农地调整与使用权流转：几点评论[J].管理世界（5）：76-87.

张佳莉，2014.重庆农村土地经营权流转模式研究[D].重庆：重庆工商大学.

张昆，2015.农村土地承包经营权流转模式研究[D].福州：福州大学.

张力，郑志峰，2015.推进农村土地承包权与经营权再分离的法制构造研究[J].北京农业经济问题，36（1）：79-92，111-112.

张利云，2018.土地经营权流转中农户和村委会的行为和利益博弈分析[D].新乡：河南师范大学.

张莉，2017.农（牧）户收入视角下农（牧）地流转意愿影响因素研究[D].咸阳：西北农林科技大学.

张龙，2017.天津市宝坻区农村产权流转交易市场发展研究[D]天津：天津大学.

231

张龙耀，王梦珺，刘俊杰，2015.农民土地承包经营权抵押融资改革分析[J].农业经济问题，36（2）：70-78，111.

张青，黄林，2016.基于博弈论的农村土地经营权流转研究——以豫北 A 市为例[J].山西农业科学，44（5）：690-693，702.

张溪，2017.契约选择与农村土地经营权流转模式的创新研究[D].济南：山东大学.

张晓山，2015.关于农村土地承包经营权确权登记颁证的几个问题[J].上海国土资源，36（4）：1-4.

张玉，2017.山东省枣庄市农村土地承包经营权抵押贷款问题研究[D].济南：山东大学.

张悦，2017.农村土地经营权流转问题研究[D].南京：南京大学.

张哲，2017.延津县农村土地经营权流转下农户收入效应研究[D].郑州：河南财经政法大学.

赵璟，2018.农地流转对农户农业生产长期投资的影响研究[D].太原：山西财经大学.

赵军洁，尚旭东，王大鹏，2016.农地经营权抵押贷款：制度理论、法律法规与实践操作[J].农村经济（11）：71-76.

赵韧，2011.关于农村土地承包经营权流转制度的研究[D].合肥：安徽农业大学.

赵文新，2017."三权分置"下深化农地承包权制度改革研究[D].石家庄：河北师范大学.

赵振宇，2014.基于不同经营主体的农地承包经营权抵押问题研究[J].管理世界（6）：174-175.

赵紫玉，徐梦洁，於海美，2006.构建我国农地产权"三权分置"模式——现行农地产权制度改革的设想[J].成都国土科技管理（6）：24-28.

郑惠心，2015.农村土地承包经营权流转的制度变迁与路径依赖研究[D].南昌：南昌大学.

郑洁静，2013.乐清市农村土地承包经营权流转问题研究[D].南京：南京农业大学.

郑美丽，2017.延边地区农村土地经营权流转模式及其创新路径研究[D].延吉：延边大学.

职利杰，2016.中国农村土地承包经营权流转问题研究[D].沈阳：辽宁大学.

钟锐，2016.基于博弈论的农村集体建设用地流转市场构建研究[D].重庆：西南大学.

周本堂，2017.农村土地承包经营权流转问题研究[J].经济研究导刊（28）：14-16，20.

朱聪聪，2018.我国农村土地经营权流转的制度障碍与对策研究[D].南昌：江西财经大学.

朱广新，2015.土地承包权与经营权分离的政策意蕴与法制完善[J].法学（11）：88-100.

朱理洋，2018."三权分置"视域下农地经营权流转研究[D].南京：中共江苏省委党校（6）.

朱柳艳，2012.农村土地承包经营权流转机制研究——以保护农民权益为视角[D].武汉：武汉理工大学（12）.

朱晓渭，2007.农村土地经营权流转制度创新与地方政府选择[D].西安：西北大学.

朱玉龙，2017.中国农村土地经营权流转问题研究[D].北京：中国社会科学院.

庄宁，2018.甘肃农村土地承包经营权抵押贷款风险研究[D].兰州：兰州大学.

卓苗苗，2016.土地经营权流转政策对重庆市农户土地经营权流转决策行为的影响研究[D].重庆：重庆大学.

宗传齐，2017.章丘农村土地经营权流转研究[D].济南：山东师范大学.

邹倩，2017."三权分置"对农户土地经营权流转的影响——基于山东省调查数据的实证分析[D].济南：山东师范大学.

ALMABURSER，1995.Agricultural land reform in moldova[J].Land Use Policy，14（5）：66-68.

ANDERSON，HUANG，2011.Impact of China WTO accession on rural urban income inequality[J].Chinese Academy of Sciences（2）：203-215.

BINSWANGER，HANS，DEININGER，et al.，1995.Power，distortions，revolt and reform in agricultural land relations[J].Handbook of Development Economics.

BOGAERTS，WILLIAMSON，2002.The role of land administration in the accession of Central-Uropean countries to European Union[J].Land Use Policy，9（1）：15-26.

BRANDT，LI，HUANG，2004.Land tenure and transfer rights in China：an assessment of the issues[J].China Economic Quarterly，3（4）：951-982.

BRAUN，TEKLU，WEBB，1999.Famine in Africa：causes，responses，and prevention[M].Washington：European Review of Agriculture Economics.

BRAUN，TEKLU，WEBB，2003.Famine in Africa：causes，responses，and prevention[J].European Review of Agriculture Economics：27（2）：256-258.

CHINSINGA，CHASUKWA，ZUKA，2013.The political economy of land grabs in malawi：investigating the contribution of limphasa sugar corporation to rural development[J].Agric Environ Ethics（26）：1065-1084.

DEININGER, 2004. The development of the rural land rental market in China and its implications on the fairness and efficiency of land use[J]. Economics (quarterly), 3 (3): 1003-1028.

DEMSETZ, 1977. Private property rights[J]. Social Science Electronic Publishing, 1 (2): 6.

DOUGLAS, MACMILLAN, 2000. An economic case for land reform[J]. Land Use Policy, (7): 49-57.

DUKE, MARISOVA, BANDLEROVA, et al., 2004. Price repression in the slovak agricultural land market[J]. Land Use Policy.

ELIZABETH, BRABEE, SMITH, 2002. Agricultural land fragmentation: the spatial effects of Three land Protection Strategies in the eastern United States[J]. Land scape and Urban Planning, 58 (2): 255-268.

FEDER, FEENY, 1993. The theory of land tenure and property rights[J]. World Bank Economic Review, 5 (7): 135-1531.

GAJENDRA, JUI, 2013. Rural market penetration of FMGG companies in India[J]. Anusandhanika (13): 224-230.

GRAY, 2009. Environment, land and rural out-migration in the Southern Ecuadorian Andes[J]. World Development, 37 (2): 457-468.

GUSTANSKI, GARETH, 2011. The protest of local public decision-making and land-use conflicts in French rural and periurban areas[J]. Urban Public Economics (15): 60-81.

HAYAMI, RUTTAN, 1985. Agricultural development an international perspective[J]. Economic Development & Cultural Change, 82 (2): 123-141.

HENDERSON, AZAROV, 2010. Adoption of law on land market could attract investments to rural Area[J]. Ukraine Business Daily (26): 476-501.

JOHN, 1996. Market transition and the persistence of power: the changing stratification system in urban China[J]. American Journal of Sociology, 104: 1-50.

KAI-SING, 2008. Off-Farm labor markets and the emergence of land rental markets in rural China [J]. Journal of Comparative Economics.

KRUSEKOPF, 2002. Diversity in land-tenure arrangements under the household responsibility system in China[J].China Econ，13：297−312.

KRUSEKOPF，2002.Diversity in land−tenure arrangements under the household responsibility sys-
tem in China[J].China Econ，13，297−312.

LAN JOUW，1999.Information and the operation of markets：tests based on a general equilibrium
model of land leasing in India[J].Journal of Development Economics，60（2），497−528.

LEVESQUE，2013.Les Marches fonciers ruraux regionaux entre dynamiques desexploitations agri-
coleset logiques urbanines[J].Economic Statistique（4）：95−98.

LOVELL，2003.Local land markets and agricultural preservation programs[J].Government Policy
and Farmland Markets：The Maintenance of Farmer Wealth.

MACMILLAN，2011.An economic case for land reform[J].Land Use Policy，32（8）：14−33.

MICHAEL，TENGBEH，PETJA，2012.Towards a reorientation in land reform：from a market to
locality−driven approach in South Africa's land restitution programme[J].Progress in Develop-
ment Studies（12）：173−193.

PEARCE，2010.The macmillan dictionary of modern economies，fourthedition[J].Macmillan（6）：
146−159.

RAMSEYER，MARK，2012.The fable of land reform：expropriation and redistribution in occu-
pied Japan[J].SSRN Working Paper Series（10）：224−262.

TERRY，2003.Scenarios of central european land fragmentation[J].Land Use Policy（20）：
149−158.

VAN，2009.Scenarios of central European land fragmentation[J].Land Use Policy（20）：149−158.

WANG，WAILES，CRAMER，1996.A shadow−price frontier measurement of profit efficiency in
Chinese agriculture[J].American Journal of Agricultural Economics，78，146−156.

ZHANG，MA，XU，2004.Development of land rental markets in rural ZHEJIANG：growth of off
farm jobs and institution building[J].The China Quarterly，180：1031−1049.

附录 农地流转问题调查问卷

　　本问卷分为两部分，大多数题目为选择题，没有特别注明的均为单选题；有特殊注明的，请按照注明的要求进行答题。请将答案写在题目后面的括号内。期待您能够在百忙之中抽空回答我们的问题。对于问卷所涉及的内容，我们都将给予严格的保密，我们保证最终的结果只用于研究，不做其他用途。感谢您的合作！

（一）农户的基本状况

　　性别：□男　□女

　　年龄：□18~25岁　□26~35岁　□36~45岁　□46~55岁　□55岁以上

　　受教育程度：□初中及以下　□高中　□大专或本科　□本科以上

　　家庭人数：□2个及以下　□3~4个　□5~6个　□6个以上

　　人均农地：□1亩以下　□1~2亩　□2亩以上

　　家年收入：□10000元及以下　□10001~20000元　□20001~50000元
　　　　　　　□50001元及以上

　　收入主要来源：□务农　□打工　□经商　□其他

（二）农地流转情况 （若您家农地没有流转，5~13不必填写）

　　1. 您家中有没有农地流转?（　　　　）

A. 部分转出　　B. 全部转出　　C. 没有　　D. 转入

2. 您是通过什么途径了解的农地流转及相关政策?（　　　）

A. 广播. 电视. 手机等　　　B. 政府宣传　　　C. 听别人说的

3. 您家有几块地?（　　　）

A. 一块　　　B. 两块　　　C. 三块　　　D. 四块及以上

4. 你们村农地流转一般在谁的组织下进行?（　　　）

A. 自发流转　　　B. 政府　　　C. 中介机构　　　D. 其他

5. 您家农地流转的对象是?（　　　）

A. 农户　　　B. 农业公司　　　C. 政府

6. 您家农地流转的合同形式是什么?（　　　）

A. 口头协议　　　B. 无公证的书面协议　　　C. 有公证的书面协议

7. 您家农地流转的时间期限是多久?（　　　）

A. 1~2年　　　B. 3~4年　　　C. 5~10年　　　D. 10年以上

8. 您家农地流转的每亩租金为多少?（　　　）

A. 500元及以下　　　　B. 501~800元

C. 801~1200元　　　　D. 1201元及以上

9. 您家农地流转的方式是?（　　　）

A. 转包　　　B. 转让　　　C. 出租　　　D. 互换　　　E. 其他

10. 农地流转后,您得到的受让金足够维持家庭的基本生活吗?（　　　）

A. 足够　　　　　　B. 一般,只能维持温饱

C. 不够,还要找点活干　　　D. 远不够,必须找其他工作

11. 您将农地转出后主要靠什么谋生?（　　　）

A. 进城打工　　　B. 靠家人　　　C. 经商　　　D. 有固定工作

12. 您家转出农地的原因是?（　　　）

A. 劳动力不足　　　B. 种地不划算,打工收入更高　　　C. 种地太累

13. 您没有转出农地的主要原因是?（　　）

A. 除了务农没有其他活

B. 自己有充足的劳动力和时间耕种，不需要流转

C. 为了家庭口粮的需要

D. 流转价格太低

E. 担心流转出去后自己想种时难以收回

14. 若您因农地流转和他人发生冲突，您会选择何种解决方法?（　　）

A. 自己解决　　　　　　B. 找亲友帮忙

C. 找村干部协调　　　　D. 运用法律手段

15. 您愿意在本村种地吗?（　　）

A. 愿意　　B. 不愿意

16. 您愿意承包他人农地吗?（　　）

A. 非常愿意　B. 不愿意　C. 如果经济上允许，可以考虑

17. 您觉得农地流转价格合理吗?（　　）

A. 很合理　　　　B. 一般　　　　C. 不合理

18. 您流转农地希望每亩每年得到的收益是多少?（　　）

A. 500~1000元　　　　　B. 1001~1500元

C. 1501~3000元　　D. 3001元及以上

19. 您对当前的农地流转相关政策满意吗?（　　）

A. 基本满意　　　B. 很满意　　　C. 不满意　　　D. 很不满意

20. 您愿意把农地承包给外村的人吗?（　　）

A. 愿意　　B. 不愿意　　C. 不好说

21. 你对目前农地价值的看法是?（　　）[可多选]

A. 农地是基本生活保障　　　　B. 种地是农民的天职

C. 农地是就业保障　　　　D. 农地是养老保障　　　E. 其他

22. 农地流转中，您认为目前还存在哪些问题?（　　　）[可多选]

A. 农地流转信息缺乏　　　　B. 政策宣传不够

C. 农地流转市场不成熟　　　D. 社会保障体系缺失

　E. 农地流转监管不力　　　　　F. 农地流转合同缺乏规范

后　记

撰写一本书对于我而言是人生中一种新的体验。可能是半生以来都从事教师职业的影响，总会觉得自己身上有种使命感。所以每每见到他人将自己的学术成果印在一张张散发着独特芳香的纸张上供人阅读借鉴时，我都会因传播了知识而觉得出著作这件事是十分神圣且令我羡慕的。而今我也出版了属于自己的书籍，内心的喜悦不禁喷涌而出。由于我第一次写书，这本著作从最开始的收集、筛选、整合各种文献资料到现在终于定稿出版，历经了太多热心人的帮助，在这里我要向他们表达我的感谢之情。

要说牛顿是站在了伽利略等伟人的肩膀上，才看见了更加遥远广阔的独属于物理界的"美景"；那么我的学术研究的成功完成则是站在了诸多提供相关文献的知名学者的肩膀上。

能够在太原科技大学经济管理学院工作，我倍感幸福。这里就像一个大家庭，每位教师对教学都充满了热情，良好的环境是一位学者研究学术问题的基石，在此我要感谢经管学院院长乔彬教授以及我的各位领导及同人，他们为我的文章写作创造了一个相对宽松、自由、良好的环境，让我有更多的时间、精力进行我的论文写作，本著作的顺利诞生可以说他们功不可没。

佛家曾言，人生是一场修行。来来往往，今日你受人帮助，来日需去帮助他人。是啊，昔日我曾受教于我的恩师，转眼之间，我已经是一名传道授业解惑的师者了；那日，我曾为一群脸上写满求知欲望的孩子们传道解惑，今日，这群渐渐成熟的孩子似是知道我的艰辛，便主动为提供帮助，唯愿减轻我的丝丝压力。这部著作融入了我的心血，可也少不了这群真挚可爱的孩子的帮助。由此，我想向我的学生们献上最美好的祝愿，愿他们在自己未来的路上披荆斩棘，成为自己的勇士。

临近不惑之龄，我将我的心血都花在了我的学术研究之上。家人们的支持和鼓励让我在这条狭窄而笔直的路上坚定地走下去，不曾半途而废，不曾轻易言败，不曾被路上的艰难困苦吓倒。开始研究的场景还历历在目，你们的温情陪伴，你们的爱与奉献，让我不知如何表达出我对你们的谢意，唯有在今后的日子里给你们更多的陪伴才是我对你们最大的感谢！

感谢所有参考文献的作者们，我是站在了巨人的肩膀上，完成了此项研究。

这部著作的出版对我来说是人生中不一样的一次体验。今后我依旧会保持我该有的严谨态度，去研究更加高深的学问，用最好的成绩去回报每一个支持我、鼓励我、相信我的人。

2019 年 1 月 20 日